U0458956

带您走进太行一号旅游公路系列丛书

第一辑

红色记忆

HONGSE JIYI

带您走进太行一号
旅游公路系列丛书

第一辑

红 色 记 忆

中共晋城市委党史研究室（晋城市地方志研究室） 编

山西出版传媒集团

山西人民出版社

崔建国故居

八路军总部驻地旧址

瓦窑头烈士纪念馆

《新华日报》（太岳版）报社旧址

沁水党史馆

泽州县党史党魂教育基
"红色三杰"纪念馆

赵树理故居

中国人民解

八路军军鞋厂纪念馆

中国抗日军政大学太岳分校

长江支队六大
南下桥

土岭事件纪念馆

朱德出太行红色教育基地

太行一号旅游公路「红色记忆」手绘

晋城市太行一号旅游公路全长 736 千米，包括主线路网 582 千米，支线路网 154 千米。其中，连通沁河古堡环线路网 50 千米，提升"百村百院"连接线 150 千米，串联旅游景区快速直达线 50 千米，内引外联、环环相扣，连接我市 33 个 A 级旅游景点，70 余个非 A 级景区；通达 15 个特色旅游小镇、100 个"百村百院"项目和 16 个明清古堡群；覆盖了 38 个乡镇 231 个行政村 12 个社区 23 万农村人口，串联起全市 90% 的脱贫地区、90% 的景区景点、90% 的特色农产品产区，是贯穿全市的旅游大动脉。

晋冀鲁豫军工十厂

赤叶河

《在太行山上》诞生地

锡崖沟

队纪念林

前

QIANYAN

言

红色记忆，代代相传。红色资源是我们党艰辛奋斗历程的辉煌见证，是最宝贵的精神财富。

太行一号旅游公路将太行老区的红色记忆与自然风光串联在一起，有许多不可不讲的红色故事，有诉说不尽的红色情怀，有弥足珍贵的红色精神……一件件革命文物，一处处红色遗址，一段段气壮山河的难忘岁月，足以让你读懂红色记忆里闪耀的时代光芒。

来一场荡涤心灵的红色记忆之旅！太行山绵延百里，在朱德出太行的羊肠小道上，在枪杆会议的革命遗址前，在"红色三杰"纪念馆里，与先烈们来一场心灵对话，深切感受烈火浓烟中屹立不倒的太行精神，匍匐前进中永存的初心使命，感悟革命先辈的奋斗之志。

来一场荡气回肠的红色记忆之旅！太行一号旅游公路环山抱村，在向阳而行和流连忘返中，与先烈们来一场时空对话，再现充满激情的峥嵘岁月，重温1700多名陵川号兵在激越嘹亮的号角下吹成一派人间繁花。让游客体验舍我其谁之勇，感悟革命先辈的担当之责。

来一场催人奋进的红色记忆之旅！太行山人民纯朴善良，在炊烟袅袅和交相辉映的美景中，与先烈们诉说一段奇迹，告诉他们扶贫攻坚的不易和乡村振兴的成就，唱响抗战名曲《在太行山上》，伴着激昂奋进的旋律，激发我们汇聚逢山开路奋斗不屈的抗争精神。

红色记忆，是一种文化的传递，更是一种精神的传承。走进太行一号旅游公路，让壮丽美景惊艳一段时光，让红色精神心中永存。

目

MULU

录

王莽岭　秦红宇摄

在太行山上

（中国歌舞团 演唱）

桂涛声 词
冼星海 曲

1=A 2/4

稍慢·热情地

（歌谱略）

桂涛声（1901—1982），原名桂独生，曾用名浩然、翘然，化名吴璧，涛声是笔名。云南曲靖市人，回族。1928年加入中国共产党。1945年到上海生活，创作出很多进步文章和歌曲，如《在太行山上》《送棉衣》等。

冼星海（1905—1945），广东番禺人，汉族，1939年6月加入中国共产党。中国近代著名作曲家、钢琴家，有"人民音乐家"之称，其作品《在太行山上》《黄河大合唱》广为人知。1945年10月30日病逝于莫斯科。

陵川佛子山、王莽岭：抗战名曲《在太行山上》诞生地 ★ 第一站

地理位置：王莽岭（太行一号旅游公路陵川段10千米处）

佛子山（太行一号旅游公路陵川段9千米处）

王莽岭　程立胜摄

　　太行山，地势险要，自古便是兵家必争之地。抗日战争时期，八路军以大山为屏，以沟壑为壕，开辟敌后抗日根据地，抗击日本侵略者。抗战名曲《在太行山上》，就是一把以战斗的姿态插入侵略者心脏的钢刀。这首战斗的歌、胜利的歌，就诞生在陵川这片红色的土地上。

　　陵川县地处晋豫两省交界，位于太行山南端绝顶。1938 年前后，陵川是山西少数没有被日军占领的完整县，所以这里云集了国共双方党政军机关和要人，各界进步人士可以以公开身份开展各种抗日宣传活动。

　　1938 年 4、5 月间，日军兵发九路，围攻晋东南，《在太行山上》的词作者桂涛声当时担任第二战区行营游击队第一支队政治代表，他和战士们风餐露宿，转战于陵川的崇山密林间。其间，他目睹了陵川人民在"抵抗日寇，保家卫国"精神感召下"母送子、妻送郎、兄弟双双上战场"踊跃参军抵抗侵略的感人场面，"千山万壑，铜壁铁墙"的壮美太行，激发了桂涛声的创作灵感，他在香烟盒上写下了这首震撼人

王莽岭　孙刚摄

心的不朽篇章。

　　同年6月，桂涛声回到武汉，见到了好友、作曲家冼星海。冼星海接过歌词，仿佛置身于太行军民浴血奋战的战场上，不禁热血沸腾，在钢琴前连夜构思、作曲，将充满朝气的抒情性旋律与坚定有力的进行曲旋律有机地结合在一起，完成了这首气势磅礴的歌曲。时任八路军晋冀豫边区太行山剧团艺术指导员的阮章竞收到歌曲后，立即在剧团组织排练。

　　1938年7月，武汉举行纪念全面抗战一周年歌咏大会，《在太行山上》引起轰动。同年8月，《在太行山上》首次由太行山剧团在太行地区公演。这首歌曲迅速传遍长城内外、大江南北，唱遍了太行山，唱红了全中国，成为中华儿女捍卫主权、保卫和平的不朽战歌。

　　1938年10月，太行山剧团沿太行山主峰开始了长达三个月的保卫抗日根据地大流动演出。《在太行山上》这首曲目便成为这次大流动的主旋律。

　　　红日照遍了东方
　　　自由之神在纵情歌唱
　　　看吧，千山万壑铜壁铁墙
　　　抗日的烽火燃烧在太行山上
　　　……

　　《在太行山上》是太行山区军民向天而歌的战斗号角，是中华民族顽强不屈的洪钟大吕。如今，穿越历史的时空，这首战歌依然振奋人心，久唱不衰。

《在太行山上》大合唱

王莽岭景区：位于山西省晋城市陵川县东南部古郊乡境内，因西汉王莽追赶刘秀到此地安营扎寨而得名。包括王莽岭、锡崖沟、昆山、刘秀城四个景系，总面积150多平方千米，距太行一号旅游公路陵川段10千米处。

活动项目：绝顶日出、云山幻影

最佳时段：4月—10月

佛子山景区：位于山西省晋城市陵川县东南部古郊乡、六泉乡一带，北至壶关县鹅屋乡，东至河南林县，东北至河南辉县，西至棋子山一带。主峰距太行一号旅游公路陵川段9千米处。

活动项目：太行绝顶登峰远眺

最佳时段：4月—10月

一山林场

太行第一山国有林场：
"两山理论"的坚定践行者

地理位置：陵川县六泉乡赵辿岭村（太行一号旅游公路陵川段 14 千米处）

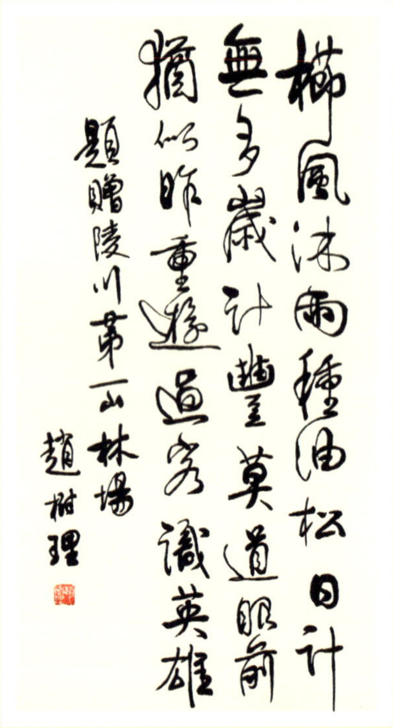

栉风沐雨种油松　日计
无多岁计丰　道眼前
摘似昨重游　过客识英雄
题赠陵川第一山林场
赵树理

赵树理为一山林场题词

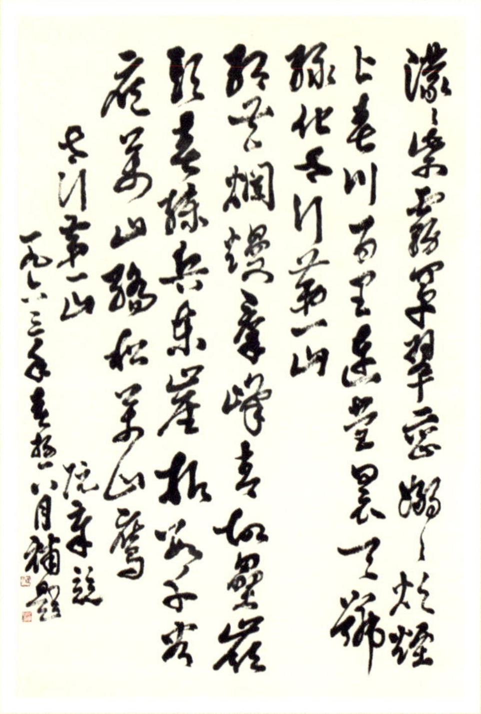

阮章竞游"太行第一山"后作

穿行太行一号旅游公路晋城段，<u>太行第一山国有林场是最让人惊艳的地方。</u>

放眼望去，松林苍翠，林海连绵，万亩碧绿接长天而荡于眼底，阵阵松涛抚远山而响于耳边。

置身茫茫林海，很难想象，半个多世纪前，这里还是"黄沙遮天日、飞鸟无栖树"的荒僻苦寒之地。

1959 年，陵川东部山区地瘠人贫、洪水横流，穷山恶水成了当时陵川的代名词。这年秋天，为了改善恶劣的生态环境，陵川县委书记邢德勇亲率 2000 名民兵，挥师山岗，在棋子山一带拉开了轰轰烈烈的万亩样板林造林序幕。他们采取"劳武结合"的方式，独创阳坡种松树技术，历经多年，绿化了八岭九山 400 余个山头，陵川县国营第一山林场由此诞生。之后，在万亩样板林的示范下，千亩林场、百亩林场相继在各个公社和一些大队轰轰烈烈展开，一级带一级，班子带党员，党员干部带群众，把植树造林推向新高潮。即使在三年困难时期，陵川也连续造林 10.7 万亩，堪称<u>陵川林业史上的奇迹</u>。1965 年，国营第一山林场人工造林闻名全国，并受到国务院的表彰。

1963 年 11 月 1 日至 2 日，时任中共中央华北局第一书记李雪峰（右二）和时任中共中央华北局书记陶鲁笳（右三）视察陵川第一山林场

知青徒步上山造林

知青抚育幼林

"山上治本"，继续抓好荒山绿化

　　20世纪90年代，林场进入艰难转型时期，林场人秉承"一山"精神，以山为家，以树为伴，艰苦奋斗，开启了由木材生产型林场向生态建设型林场艰难转型的新篇章，为陵川"生态立县"打下坚实的基础。

　　2016年，陵川县启动国有林场改革，原国营第一山林场和国营西闸水林场合并组建太行第一山国有林杨。林场人勇创新业，成立了总面积35万余亩的山西省南方红豆杉自然保护区，培育各类良种和珍贵乡土树种1000万袋（株）。"十三五"时期共完成营造林任务

20 世纪 60 年代，全国著名画家邹雅在第一林场创作的国画——《太行万亩林药场》

1.35 万亩，栽植生态树种 80 万余株、彩叶景观树种 2 万余株、经济树种 30 万余株。如今，林场经营总面积达 43.97 万亩，活立木蓄积量达 134 万立方米，森林覆盖率达 90.2% 以上，初步形成苗木培育、森林旅游、林下种植养殖、森林康养和森林体验等新的林业产业业态。

2009 年，一山林场被列为全国 100 个示范经营林场之一；2019 年至 2020 年，成功申报中国森林体验基地和中国森林康养基地……绿水青山就是金山银山的发展理念，在这里结出一个又一个硕果。

60 多年，四代人，从荒山秃岭到茫茫林海，每棵树的年轮里都记载着生态文明的进程和林场人不懈奋斗的绿色梦想。这绿，是自然的本色，是生命的底色，也是晋城在持续推进生态文明建设中取得显著成效的一抹亮色。

赤叶河村:
一部歌剧带火了一个小山村

📍 地理位置：陵川县六泉乡赤叶河村（距太行一号旅游公路陵川段 14 千米，高老庄山沟 4 千米处）

赤叶河歌剧院

与歌剧《白毛女》齐名的《赤叶河》，一"白"一"赤"，被称为解放区两大歌剧。而鲜为人知的是，这部红极一时的歌剧是以陵川县六泉乡赤叶河村的村名命名的。一位诗人，一部歌剧，一个小山村，就这样发生了一段难以忘却的故事。

赤叶河村地处河谷，因村南坡林木茂密，每年秋季有"霜叶红于二月花"之美景，故名赤叶河。1945 年 5 月，著名诗人阮章竞来到解放后的陵川调查研究，当时他居住的地方就是山清水秀、景色优美的赤叶河村，这一住，就是三个多月。在这里，他怀揣满腔革命热忱，和赤叶河村的农民兄弟同甘苦共患难，结下了深厚友谊，并目睹了日军、国民党匪兵和地主恶霸给太行山区人民造成的深重灾难，感受到山区农民强烈的时代呼声。于是，在赤叶河村最有气势的古建筑三教堂正殿西侧耳殿的棚楼上，阮章竞白天进行革命工作，夜晚在油灯下记录民间语言和笔记手稿，为歌剧《赤叶河》的创作积累了丰厚的素材。

1947 年，面对农民日益高涨的翻身求解放的愿望，阮章竞放下了正在创作的长篇小说，以赤叶河村的人物和故事为原型创作了歌剧《赤叶河》。当年

阮章竞（1914—2000），诗人、画家。曾用名洪荒。广东香山县沙溪区象角村人（今广东中山市沙溪镇象角村），中共党员。1937年后历任游击队指导员，八路军太行山剧团团长，太行文联戏剧部部长，中共华北局宣传部文艺处处长、副秘书长，中国作家协会党组成员、青年作家工作委员会主任，北京市文联副主席，北京市作家协会主席、名誉主席，全国第五届政协委员，北京市第七、八、九届人大代表，北京市第七届人大代常委，全国文联第一届候补理事、第四届委员。

各种版本的《赤叶河》

歌剧《赤叶河》剧照

10月，该剧在河北武安召开的土改动员大会上首次演出，12月，在石家庄连演7场。后来刘邓大军从根据地挥师南下，带着歌剧《赤叶河》跨过黄河、长江、珠江三大流域，直到大西南。沿途不但演出《赤叶河》，还留下了剧本，被排演、改编成地方剧种，从而走向全国。北平解放后，《赤叶河》成为第一个与北平市民见面的解放区歌剧，并成为与《白毛女》齐名的两大红色歌剧，红遍全国并被拍成电影。

歌剧《赤叶河》诗意浓郁，剧情曲折，曲调动听，深刻反映了人民大众翻身求解放的历史要求，揭示了中国革命的根本所在，成为阶级动员、阶级教育的一部生动教材。原本名不见经传的赤叶河村，也因这部歌剧而名声大噪，在历史长河中留下了浓墨重彩的一笔。

听，冲锋的号角已吹响

地理位置：陵川县全县各区，主要有附城镇、古郊乡、夺火乡、崇文镇等

陵川县烈士陵园 · 栗雄亚摄

军号响亮　姜毅摄

山西东南，太行之巅。

城东东岗山，陵川县城最高点，始建于 1946 年的烈士纪念塔静静地伫立在这里。高耸的塔顶上，是一座金色的号兵铜像。号兵昂首挺立，目视前方，奋力吹响进军号。

这样的纪念塔，在全国很少见。而它，却是数千名陵川号兵浴血战场的不朽见证。

抗战中后期，随着对敌作战密度、规模的提升，八路军正规部队和地方武装都面临着一个共同的问题——号兵紧缺。对此，太行区党委指示，在地形隐蔽、训练有利的陵川县开办号兵训练班，支援前线。

一把铜号，只有五个音，组合出的数百种短谱却变幻莫测，千军万马，在"嘀嘀嗒嗒"的号声指挥下，时进时退，或攻或守，令行禁止，宛若一人。号兵在战场上的作用显而易见。而号兵也是一个很危险的兵种，他们和指挥员、轻重机枪手一样，通常都是敌军重点狙击的目标，牺牲率极高。战场上每次冲锋号响起，都伴随着许多革命战士的倒下，而最先倒下的，往往是号兵。

据资料显示，从抗日战争到解放战争，再到抗美援朝，陵川县共培养出 1700 多名号兵，进行号兵培训的地点分布在全县各区，主要有夺火、玉泉、附城城东、杨村、平城北街云阳馆、侍郎岗、古郊乡南坨台、县城的八蜡庙（今崇文派出所旧地）、崇安寺、烈士陵园等十几处。而在历次参军运动中，陵川县武委会从训练出来的号兵中，共精心挑选出 700 余名政治觉悟高、技术熟练的精壮号兵参军，供给军队需要。这些优秀的陵川子弟在战场上冒着枪林弹雨，机智勇敢，不惧牺牲，前赴后继，用生命和鲜血吹响了反对侵略、民族解放的冲锋号，成为太行山英雄儿女中一个特殊的群体。

在陵川县档案馆，珍藏着一份 1944 年陵川县夺火区一个特殊训练班的统计表，表中详细记载了全班号兵学员的姓名、年龄、参军年限等，他们当中最大的还不到 20 岁，最小的只有 13 岁。而在陵川《烈士英名录》中，记录在册的号兵烈士有数十人，更多的号兵则成为无名英雄，长眠在长城内外、大江南北、异国他乡。

如今，战争的硝烟虽已远去，但千名号兵的英勇事迹依然鼓舞着太行老区的人们。每当微风吹过烈士纪念塔，仿佛仍能听到那"嘀嘀嗒嗒"的冲锋号声。

那是冲锋的命令，更是胜利的号角！

锡崖沟挂壁公路　秦红宇摄

锡崖沟挂壁公路：
他们，创造了中国筑路史上的奇迹

地理位置：陵川县古郊乡锡崖沟村（太行一号旅游公路陵川段 8 千米处）

★第五站

锡崖沟村民开凿挂壁公路组图　李前进摄

八百里巍巍太行，共有 7 条挂壁公路。而其中工程量最大、历时最长也最为壮观的，当属南太行的锡崖沟挂壁公路。

这是一条悬挂在太行山断裂层地带悬崖峭壁上的隧道公路。从高空俯瞰，挂壁公路犹如一条巨龙，沿着王莽岭脚下近千米高的悬崖绝壁呈"之"字形一路盘旋蜿蜒而下，一头直达云端，另一头垂落于凡尘，堪称中国筑路史上的奇迹。而在当地老百姓的眼中，这条"天路"不仅仅是一条奇险壮观的旅游公路，更是一条通往山外世界的幸福之路。

"四山夹隙之地称锡崖沟，因地势险恶，沟人多自给自足，自生自灭，偶有壮侠之士舍命出入。"据《陵川县志》记载，壁立千仞的险峻地势把锡崖沟人祖祖辈辈锁困在大山之中。想要离开山村，只能走攀崖出山的小路"椿树爽"和顺崖而下入河南的"蚂蚁梯"。能有一条通往外界的路，是锡崖沟人日思夜想的美丽梦想。

20 世纪 60 年代初，当时的陵川县委书记骑着马，翻山越岭来到锡崖沟调研，行至村后崖顶，再也无路可走。很快，陵川县就给锡崖沟拨了 3000 元修路款，最终，这笔包在牛皮纸里的专款用吊篮从崖顶滑下送到了村里。锡崖沟人的筑路史也由此开始。

1991 年 6 月 28 日，当第一辆汽车缓缓驶入锡崖沟，这一刻，距离锡崖沟人开始修路已经过去了整整30年。

　　30年，三代人，因山而困，又因山而兴。从"驴道"到"狼道"再到"羊窑"，直至竣工通车，锡崖沟人舍生忘死，只为走出大山！他们不仅将全村的财产都押在了这条路上，还有包括老村支书在内的两名村民牺牲，10多名村民伤残。最终，凭借"依山就势、顺崖凿洞、天窗排渣、螺旋上升"的创新性筑路方案，英雄的锡崖沟人民硬是在悬崖峭壁上用钢钎、榔头和双手凿开了一条7.5千米长的挂壁公路。

　　2009年9月，被赞誉为"当代愚公，人间奇迹"的锡崖沟挂壁公路与北京天安门、鸟巢等一起被评为"新中国60大地标"，它也是唯一一条被编入《中国公路谱》的乡村级公路。

锡崖沟　秦红宇摄

锡崖沟挂壁公路　秦红宇摄

锡崖沟景区: 位于王莽岭景区南端四周落差 1000 多米的深谷之中。锡崖沟挂壁公路被称为世界奇观。该地区山陡沟深，峭壁环列，地势险恶，由于天险阻隔，沟中 200 户人家几乎与世隔绝。1962 年，沟里人不甘闭塞，向大山宣战，历时 30 年，几代人在村西绝壁上凿出一条长 7.5 千米的挂壁公路，开创了中国乡村筑路史上的奇迹，"愚公移山""人定胜天"的真谛在这里得到了真实体现。锡崖沟挂壁公路距太行一号旅游公路陵川段 8 千米处。

活动项目: 挂壁公路、龙潭瀑布、农家乐
最佳时段: 4 月—10 月

第六站

中共陵川县第一次党代会会址：戏台下的秘密会议

📍 地理位置：陵川县潞城镇天池村（太行一号旅游公路陵川段 10 千米处）

陵川县第一次党代会旧址

80多年前的一个夏天，陵川潞城，天池村，一座古庙，一次秘密会议，点燃了陵川县抗日战争的熊熊烽火。因此，这里也被誉为"太行小南湖"。

穿过历史的烟云，当年大会会址——陵川县潞城镇天池村祖师庙庙门影壁上，熠熠生辉的中国共产党党徽和"陵川县第一次党代会旧址"字样，静静地诉说着那段激情燃烧的岁月。

1939年3月，阎锡山召开"秋林会议"，由联共抗日转向积极反共。7月，驻扎在山西的日军分九路对晋东南地区进行第二次围攻。为了争取更多民众投身抗日，中共陵川县第一次代表大会在内外夹击的恶劣环境和背景下，于天池村的祖师庙秘密召开。

之所以选在这里，主要有三大原因：一是天池村在1937年就有了共产党领导下的牺盟会组织，一年时间里又先后成立了青年抗日救国会、妇女抗日救国会和儿童团等组织；1939年3月，村里还成立了党支部，政治基础和群众基础都比较好。二是天池村处于陵川中部地区，离当时中共城关区委所在地上郊村比较近，有着很好的交通和区位优势。三是祖师庙既靠路又靠山，会议期间如果出现什么紧急状况，大家可以快速从山上撤离。

中共陵川县第一次代表大会会期3天。为了避免30多名参会代表被敌人发现，组织会议的陵川共产党人想出了赶大集、唱大戏的办法，让党代表们混杂在熙熙攘攘的人群中进入会场。会议期间，陵川县儿童剧团在祖师庙下的戏台唱戏作为掩护，村民在牺盟会的领导下，有组织地开展放哨、巡逻、站岗等保卫性工作，确保会议顺利召开。

此次会议是陵川县划时代的一次重要会议，明确提出坚决反对"左"倾错误思想，讨论通过了《对破坏抗日民族统一战线法令的土豪劣绅、驻陵反动势力进行斗争的方案》，选举产生晋冀豫区党代会代表。从此，陵川革命的"小船"扬帆启航，开启了陵川县抗日斗争的崭新篇章。

太行八专署机关驻地旧址：
信号树下

📍 地理位置：陵川县夺火乡鱼池村（太行一号旅游公路陵川段 3 千米处）

陵川县夺火乡鱼池村

◀太行八
专署旧址——
陵川县夺火乡
鱼池村

　　鱼池村，位于陵川县夺火乡西南不足 3 千米处的一个半山坡上，由军寨、华金掌、冯家湾、鱼池 4 个自然村合并而成。因村前有一条河流形似金鱼，且常年有水，故得名鱼池。

　　这里地理位置优越，交通便捷，是贯穿晋豫两省的重要交通纽带。村里有两条公路，一条由冯家湾途经夺柳线直达晋城，一条由礼夺线贯穿乡域南北。这两条公路均连接在太行一号线上，途经军寨、夺望线，直至河南省焦作市修武县。特殊的地理位置，也让这里在抗战时期成为陵川县重点革命老区村，太行八专署机关驻地旧址就在这里。

　　1943 年 10 月，太行八专署随八地委、八军分区进入陵川南部，驻鱼池村，协同地委对所辖区域进行区划调整。建立陵高县、陵川县、晋东县、修武县，同时成立了县委、县政府和地方武装。其间，军民同甘苦、共患难，节衣缩食，共渡难关。1944 年，正逢严重旱灾，群众缺衣少食，为此，八专署经常派人深入山村，帮助解决灾民粮食问题并开展生产自救工作，打下了坚实的群众基础。至 1945 年 12 月，两年多的时间，鱼池村村民抗战

鱼池村古槐

鱼池村太行八专署兵工厂旧址

热情高涨。在对敌斗争中，当地村民有力出力，有物出物，积极支持建筑工事，为保卫首长与机关干部战士的安全尽心尽力。儿童团更是不甘落后，站岗放哨，在村西南战圪堆的山坡上，至今依然挺立着当年的信号树。80 年过去了，经过战争洗礼的信号树早已长成了枝繁叶茂的参天大树，每当游人驻足凝望，悦耳的沙沙声仿佛在诉说着那段光辉的烽火岁月。

第八站

长江支队水北纪念馆：
南下！南下！

📍 **地理位置**：泽州县金村镇水北村（太行一号旅游公路泽州段 10 千米处）

长江支队水北纪念馆俯瞰图

在中国革命史和中国人民解放军军史上，有这样一支部队，人数仅有 4000 多人，他们从太行太岳大山中走出，跨过黄河长江，途经山西、河北、河南、安徽、江苏、上海、浙江、江西、福建九省市，行程 3200 多千米，在中华人民共和国成立前后，全面参与接管福建省地方政权。

这支部队，就是中国人民解放军长江支队，水北村"杀敌英雄"段震环就是其中的一员。

◀长江支队水北
纪念馆展陈内容

　　水北村位于泽州县金村镇东部，毗邻丹河，是中国传统村落、省级历史文化名村，民风纯朴且具有光荣的革命传统。从抗日战争开始，全村先后有 50 多人参加革命，有烈士 10 余人。1926 年 6 月，段震环就出生在这里。1944 年 10 月，身为水北村民兵队长的他随县大队到河南孟县，参加打击日军的战斗，因英勇杀敌被评为"杀敌英雄"。

　　1948 年 9 月，中共中央华北局根据党中央的战略部署，决定在太行、太岳区抽调一批得力干部随军南下，有计划地接管新解放区。晋城各县坚决响应上级号召，踊跃报名。晋城县抽调了县委书记郑思远、县长李建标等 180 名干部，高平县抽调了县委书记李步云等 117 名干部，阳城县抽调了县委书记李敏唐、县长王世清等 108 名干部，沁水县抽调了县委书记师建昌等 106 名干部，陵川县抽调了县长杜锷生等 59 名干部。各县抽调的南下干部先在本地集中学习培训，后集中到长治、河北武安，统一整编为中国人民解放军长江支队。当时，组织上考虑到段震环是独子，且母亲病重、妻子身怀六甲，因此，南下干部的名单中并没有他的名字，得知这一消息后，他主动找到组织要求南下，入编中国人

游客参观长江支
队水北纪念馆

民解放军长江支队六大队一中队。

　　1949年4月24日，长江支队以"打过长江去，解放全中国"的英雄气概，翻越千山万水，克服千难万险，最后到达福建。在这里，段震环和南下干部们一起与福建人民同甘共苦、艰苦创业，在八闽大地上谱写了一曲曲壮丽诗篇。

　　也就在那一年，当他得知母亲病逝的消息后，含着眼泪仰天长叹"自古忠孝不能两全"。1966年父亲病重时，他也没能见到父亲最后一面。1983年，在福建工作了34年的段震环离休后回到了家乡。

　　为了纪念这段光荣的历史，2018年，水北村在社会各界的大力支持下修建了中国人民解放军长江支队水北展览馆。展览馆占地600多平方米，设4个展厅，较全面地展示了中国人民解放军长江支队从太行、太岳到福建南下接管政权、民主建政的全过程。其中，第四展厅就是段震环的老房子，室内保留了过去的原貌，留有他从福建带回来的桑木箱、藤箱、蓑衣等物品。这些物品见证了段震环在福建工作的点点滴滴，更是无数南下干部在异地他乡历尽艰苦，舍生忘死的缩影。

　　如今，长江支队这支队伍的番号虽已取消，但它的旗帜永存，精神永存。

长江支队六大队一中队南下福建纪念碑：
一生辉煌留八闽

地理位置：泽州县高都镇西刘庄村（太行一号旅游公路泽州段 13 千米处）

1949 年 1 月，随着解放战争的隆隆炮声，一支从太行山出发的特殊队伍，行进在通往福建的漫漫征途上。这支队伍名叫长江支队。当时，抽调的晋城县 180 名干部编为长江支队第六大队第一中队，他们带着党和人民的嘱托，带着百折不挠、艰苦奋斗、勇于牺牲、乐于奉献的太行精神，于 1949 年 3 月 10 日赴长治集中，3 月 22 日到达河北省武安县，经过 1 个月的编队整训，于 4 月 24 日出发，最终历经千难万苦，到达福建福安地区，接管了福安地区政权。

常子善，南下后被任命为福安县委副书记，创建了中心供销合作社系统，跑遍了闽东各县区和部分村落，发动群众，依靠群众，在短期内使供销合作社事业蓬勃兴起，不仅服务了农村，而且活跃了市场，发展了经济，保障了人民生活的供给。

出生于原晋城县南岭乡后河村的吕居永，南下福建后先后在闽东任过寿宁、福安、古田、连江县委副书记、书记，宁德地委副书记、副专员、地委书记，省人大常委会委员、农经委主任。

离休后还连续担任了四届人大常委会机关老干部处党支部书记，为祖国东南沿海的经济社会发展付出了全部心血和汗水。

长江支队老战士李秀云，16 岁入党，17 岁踊跃报名参加长江支队，因年龄小没有被批准，急得哭了起来，后因有两个空缺，才被替补进去，被老同志们称为"长江支队的女儿"。南下到福建后，历任共青团县委书记、区党委书记、镇党委书记。

……

风华正茂出两山，一生辉煌留八闽。位于泽州县高都镇西刘庄村的长江支队六大队一中队南下福建纪念碑讲述的就是这些感人的故事。

纪念碑碑体为两方形如背包状的巨石雕刻，寓意为"听党话，跟党走，打起背包就出发！"竖立的背包代表"出发"，寓意太行山；横卧的背包代表"到达"，代表太岳山。中间卧着盒子枪，代表干部队伍。碑体左侧的水壶造型，则代表着长途跋涉。整个纪念碑设计简洁大方，庄重肃穆，既再现了真实历史，也承接了时代精神。而以长江支队为代表的南下干部那种不畏艰险、敢于献身、无私奉献的精神与品质，正植根于太行太岳的深厚土壤，凝结成为人民心中永远的丰碑。

位于西刘庄的丹河湿地公园

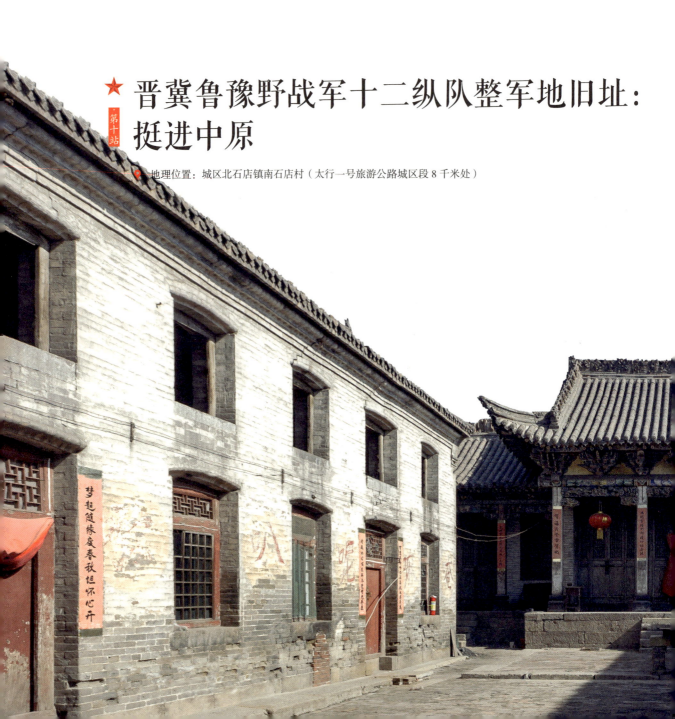

★ 晋冀鲁豫野战军十二纵队整军地旧址：
挺进中原

· 第十站 ·

📍 地理位置：城区北石店镇南石店村（太行一号旅游公路城区段 8 千米处）

晋冀鲁豫野战军十二纵队誓师大会会址旧址　程立胜摄

038
★
039

李先念司令员居住地　张晓摄

晋城，地处太行山脉东麓，入三晋之门户，扼中原之咽喉，历来都是兵家必争之地。1945年抗战胜利后，晋城作为解放区，群众基础好、觉悟高，且物产丰富，非常有利于大部队筹集给养，因此这里也成为突围部队理想的整休地。

城区北石店镇南石店村就曾是晋冀鲁豫野战军第十二纵队整军地旧址，这里也是中共中央中原局晋城"高干会议"旧址。

晋冀鲁豫野战军十二纵队整军地旧址由中共中央中原局党校旧址、李先念故居、南石店李家民宅和南石店虫王庙四部分组成。2013年被列为市级重点文物保护单位，2016年被列为省级重点文物保单位。如今，这里仍留有很多珍贵的革命遗址和遗迹，由中央电视台拍摄的大型纪录片《共和国主席李先念》曾在这里拍摄了不少珍贵的影像，"李将军借马""先念井"等故事传颂至今。

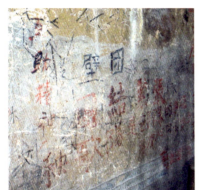

李先念部队整
军驻地仍留有
当时秧歌队的
红色宣言

刘宏亮摄

中国人民解放军长江支队纪念林　吴飞飞摄

中国人民解放军长江支队纪念林：从太行到八闽

★ 第十一站

地理位置：晋城市区白马寺山森林公园南侧（太行一号旅游公路城区段 15 千米处）

英雄门　关飞飞摄

　　巍巍古刹，滚滚松涛。30 多年如一日的荒山绿化，打造了晋城市的核心"绿肺"——白马寺山森林公园，这里不仅自然风光旖旎，更以红色人文景观著称。全国最早启动，也是面积最大的中国人民解放军长江支队纪念林就在这里。

　　2003 年建成的长江支队纪念林占地面积 150 亩，设计庄重大气，构思别具一格。进入英雄门，仿佛穿越了历史时空，那嘹亮的战斗号角不时在耳边响起。踏着步道进入园区，沿着 86 级台阶拾级而上，主题雕塑广场、纪念碑、英名碑、思乡亭……在青松翠柏的映衬下熠熠生辉，向人们展示着一段段可歌可泣的革命故事。

　　1949 年初，在战火纷飞的炮声中，800 多名由晋城儿女和革命老区地方干部组成的长江支队，背起行囊，走出太行太岳，走出晋冀鲁豫革命根据地，于同年 8 月到达福建，与三野十兵团 10 万多人、华东南下干部 200 多人、上海南下服务团 2000 多人和长期坚持地下斗争的福建地方干部，组成解放福建、接管福建的"五路大军"。这批南下干部发扬太行太岳老区人民的光荣传统，在福建省委的领导下，克服了情况不熟、生活习惯不同和语言不通等诸多困难，与当地干部紧密

思乡亭　关飞飞摄

配合，团结一心，在剿匪、支前、反霸、土改、社会主义改造、社会主义建设和改革开放中，用生命和鲜血与福建这个第二故乡紧密相连，付出了毕生心血甚至是生命。

1949 年，时任福建南靖县第一区区委副书记的王世禄，在月眉村与土匪抗争的过程中，身中四枪英勇牺牲，月眉村老百姓深为痛惜，将该村村名改为"世禄村"。

1949 年 9 月 26 日，土匪秘密发动了"十一都事件"，杀害了 4 名长江支队干部。

1950 年正月廿五，300 多个匪徒包围了福建三都派出所，长江支队干部吕学政和陈良秋为保护群众，与匪徒奋力拼搏，结果寡不敌众英勇牺牲。

……

"出太行，风华正茂。留八闽，万般辛劳。你什么都不要，只要百姓的安康，孩子的微笑，你坚守了开拓者的高尚情操，留下了长江支队光荣的名号！"历史不会忘记，"打过长江去，解放全中国"百万雄师中的这支南下队伍，这支永远的长江支队。

长江支队纪念林石碑　关飞飞摄

晋城市城区中共党史教育馆：
在这里，触摸历史的跃动

地理位置：城区钟家庄街道洞头村（太行一号旅游公路城区段 5 千米处）

让水丰起来 水质好起来 风光美起

洞头村 李剑锋摄

出晋城市区一路向南，沿着蜿蜒的旅游公路不到 20 分钟的路程，就来到了洞头村。

洞头，因山中有洞，藏在深闺而得名。这里三面环山，一面临河。群山环抱中的小山村青砖灰瓦、整洁静谧，碧波荡漾的白水河像一条绿丝带静静地向南流淌。这里不仅文化底蕴深厚，生态环境宜人，是全省首批百家 AAA 级乡村旅游示范村之一，还是晋城人民抗击日军的重要据点，也是习近平总书记曾经驻足视察的地方。晋城红色地标之一——晋城市城区中共党史教育馆就坐落在这个美丽的小山村之中。

百年征程波澜壮阔，百年初心历久弥坚，党的历史是最生动、最有说服力的教科书。为庆祝中国共产党成立 100 周年，2021 年，晋城市城区中共党史教育馆筹划设计，2022 年 4 月开工建设，当年 6 月完工。场馆建筑面积约 200 平方米，内部分为"开天辟地""改天换地""翻天覆地""惊天动地"四个展区。展陈内容以中共党史重要事件、重要人物为主，穿插晋城市、区两级党史内容。

晋城市城区中共党史教育馆

晋城市城区中共党史教育馆展陈内容组图

　　晋城市城区中共党史教育馆内涵丰富、主题鲜明，设计主打情景式、沉浸式、体验式特色风格，通过场景互动、情景再现等创新手段，开展党性教育、革命传统教育、爱国主义教育，是广大党员干部及社会各界人士接受红色教育的重要场所。

　　走进晋城市城区中共党史教育馆，时光的闸门徐徐打开，这里犹如一部立体党史书，记录着一个百年大党砥砺奋进的峥嵘岁月，记录着这座城市不能忘却的红色革命历史。

东常村革命纪念馆：
农民运动星火点亮革命之光

📍 地理位置：泽州县南村镇东常村（太行一号旅游公路泽州段 10 千米处）

东常村革命纪念馆

常文郁（1904—1930），1925年，考入山西省立第四师范学校，勤奋好学，追求进步，经常和进步同学赵树理等在一起学习社会科学，探讨革命理论。1926年冬加入中国共产党。1928年初，中共山西省委"霍州会议"后，立即到高平、阳城、陵川、长治、屯留等地传达会议精神，布置今后工作。1928年5月，被国民党阎锡山当局抓捕，关押于山西第一监狱。在狱中，备受酷刑，仍忠贞不渝，革命信念坚定。他在写给友人的信中说："狱中生活好比住大学一样，我们正在艰苦环境中锻炼提高自己"。1930年，因深受残酷折磨，加之身患疾病，在狱中病逝。

泽州县东常村常文郁故居　　　　　　　　　原东常村文庙

在南村镇东常村西北的山上，有一个被当地百姓称为"科岭"的地方。每年的清明节，村民们都会自发到这里扫墓，因为这里埋葬着晋城早期农民运动领导人、晋城第一个农村党小组创立者——常文郁。这个位于晋普山脚下的小山村，还是开国将军阎捷三和一大批仁人志士的故里。

1904年6月8日，常文郁出生在东常村一个农民家庭。1925年，以第一名的成绩考入山西省立第四师范学校，在这里，他认识了思想进步的王春、赵树理、史纪

东常村革命纪念馆院内

东常村革命纪念馆展陈内容组图

言、张茂甫等人。同年，常文郁和东常村进步青年常子善、常行先以研究学术、交换知识为宗旨，创办了"晋山研究社"。

1926年底，常文郁回到家乡，秘密加入中国共产党。为了在晋城西南部开展革命活动，他将"晋山研究社"改为"农民运动讲习所"，动员晋城西南部的青年农民到讲习所听课。每到上课的日子，东常村人来人往，如同赶集。农民运动讲习所打破了农村封建闭塞的状况，使广大农民开始认识和了解中国军阀割据的形势和革命的道理，激发了农民的革命热情，晋城第一个农村党小组在这里诞生，从此，工农革命的烈火在晋城大地熊熊燃起。之后，由于党员人数增加，在党小组的基础上成立了东常村党支部。1927年1月，晋城第一个农民协会也在这里创立，并组织开展了晋城地区地下党组织领导下的首次农民运动，常文郁先后担任东常村党小组组长、镇党支部书记，秘密办公地就设在东常村的文庙。

1928年5月，常文郁不幸被捕，在狱中，他仍然坚持开展各种形式的对敌斗争。1930年春，常文郁不幸感染伤寒，同年6月在狱中病逝。

为继承革命遗志，赓续红色基因，2000年6月，东常村将文庙改建为东常村革命纪念馆。该馆占地面积500平方米，设有三个展馆，陈列有第一个农村党支部历史、革命人物简介、村史等。开馆以来，前来参观学习的干部群众达10万余人次。

坚实的脚步
光辉的历程

浪井民兵营

★ 浪井民兵营：
永不褪色的时代尖兵

第十四站

📍 地理位置：泽州县南村镇浪井村（太行一号旅游公路泽州段 2 千米处）

"尖兵民兵营"荣誉

在浪井民兵营荣誉室,一支半自动步枪特别引人注目。

20世纪60年代初,为了响应党中央和毛主席"大办民兵师"的号召,爱军习武成为一种时尚,涌现出一大批神枪手、神炮手、投弹王等民兵英模,浪井民兵营便是其中的杰出代表。

1960年,浪井民兵营因在各级各类比武竞赛中屡屡夺魁,涌现出一批民兵训练尖子。时任浪井民兵营长的闫国瑞有幸被选为晋东南地区的民兵代表,参加了全国民兵代表大会。

1964年,原晋东南地委、行署、军分区授予浪井民兵营"尖兵民兵营"荣誉称号,并在全省推广浪井民兵营的经验。

1965年8月,全省民兵大比武中,浪井民兵营一举夺得10个比武项目冠军。从此,枪打得准,兵练得精,不仅成了浪井民兵的一张名片,也成了几十年不变的光荣传统。

20世纪80年代,随着改革开放步伐的不断加快,针对农村面临的新形势、新任务,浪井村摸索出一条"以劳养武、富民强兵"的新路子。他们"围绕经济办民兵",办起了

科普班，举办"民兵科技致富双十佳"竞赛活动，兴办 5 个铸造企业。老营长闫国瑞更是时刻教育新民兵："哪里需要哪里去，哪里艰苦哪有我！"为此，浪井村创建了"民兵号"，累计出动民兵 2 万人次，治理荒山 200 多亩，种树种草 1000 多亩。围绕传播精神文明，成立了民兵扶贫小组 40 个，便民服务小组 10 个，帮战友小组 10 个，自愿捐款捐物 2 万多元。此外，还与泽州县人武部进行军民共建，组建了医疗服务队、文艺宣传队等。浪井民兵营也先后被表彰为"民兵预备役部队基层工作先进单位""民兵预备役工作先进单位"，被省委、省政府、省军区授予"民兵基层建设先进单位"，并在全省两个文明建设中荣立集体二等功。

他们，用实际行动诠释了"尖兵"价值，用血与火的洗礼锻造了铁军本色。

浪井民兵营纪念馆展陈组图

泽州县党史党魂教育基地"红色三杰"纪念馆：星星之火，可以燎原

地理位置：泽州县巴公镇山耳东村（太行一号旅游公路泽州段大阳支线 10 千米处）

1925 年 11 月，已是深秋的晋城，大地苍茫，阴霾盘桓。濩泽中学并不宽敞的教室内，一件具有划时代意义的大事正在秘密进行：在晋城籍第一个共产党员周玉麟和晋城第一个党组织创建者陈立志的共同见证下，濩泽中学学生孔祥桢站在一面自制的党旗前庄严宣誓：牺牲个人，努力革命，阶级斗争，服从组织，严守秘密，永不叛党。这一刻，晋城本土发展的第一个共产党员诞生了。

　　他们，就是彪炳史册的晋城"红色三杰"。

　　在中国革命寻找正义、真理与光明的征程中，他们不仅是同乡，更是志同道合、肝胆相照的革命同志。他们是晋城最初始的红色基因，更是晋城革命的播火者、晋城党组织的开创者，他们为晋城乃至晋东南党组织的创建及发展立下了不朽的功勋。

泽州县党史党魂教育基地展陈内容

陈立志　　　　　　　　　　周玉麟　　　　　　　　　　孔祥桢

　　在泽州县巴公镇山耳东水库畔，距革命烈士陈立志纪念碑不远的地方，"泽州县党史党魂教育基地"的牌子格外引人注目，这是为纪念"红色三杰"而精心打造的纪念馆。在这里，有一张陈立志的头像照片，这也是他留下的唯一一张照片。

　　陈立志出生于1904年，泽州县巴公镇山耳东村人。1925年初在太原省立一中加入中国共产党。1925年下半年被中共太原地执委派往晋东南任特派员，并以濩泽中学教员的身份做掩护发展党员。1926年，陈立志在濩泽中学创建晋城第一个中国共产党小组、第一个党支部。1927年1月，组织成立中共晋城地方执行委员会，任地执委书记。同年7月迫于形势出走。1932年返濩泽中学任教，继续从事革命工作。1937年抗战爆发后，陈立志历任濩泽中学抗日军政干部训练班副主任、八路军晋豫边游击支队驻晋城办事处副处长。"十二月事变"发生后，被迫再次流亡。1942年冬，他由豫返晋，在泽州县柳树口镇被诱捕杀害。牺牲后被晋豫边抗日政府追认为革命烈士，授予"太行英烈"光荣称号。

　　个子不高的周玉麟，比陈立志、孔祥桢小两岁，却是三人中最早走上革命道路的。他是山西早期党组织的领导成员、职业革命家，也是晋城籍最早的中共党员，马克思主义在晋城的传播者和启蒙者。1906年，周玉麟出生在巴公镇山耳东村的一个商贾之家，16岁时考入山西省立一中，从此走上了革命道路。1925年加入中国共产党。曾担任中共太原地委委员、宣传部部长，共青团太原地委组织部部长、书记，共青团山西省委书记等职，

山耳东农民公园　马振波摄

参与和领导了山西早期许多重大的革命活动。指导了晋城、长治等地的建党工作。1928年，周玉麟在新绛被捕。1930年逝于狱中，年仅24岁。

在"红色三杰"中，革命道路走得最长久的是孔祥桢。他在隐蔽战线成绩斐然，2010年出版的《中共党史人物传》隐蔽战线卷收录了14位人物，其中就有孔祥桢。孔祥桢1904年出生于巴公镇北堆村的一个中农家庭。18岁时考入灋泽中学，21岁加入中国共产党，并当选为晋城学联第一任负责人。1926年任中共山西省委秘书，不久，被组织派往苏联深造，1930年7月回国，被中共中央派往陕北特委军委任书记。1931年初，调往河北唐山地区任军委书记。同年7月，因叛徒出卖被捕，关押在草岚子监狱。出狱后，根据中共北方局安排，到东北军学兵队任政治教官。"西安事变"后，奉党中央的指示辗转各地，在隐蔽战线对国民党军中的高级将领积极开展统战工作，为策动国民党军中部分高级将领率部起义做了大量有益的工作，是我党隐蔽战线当之无愧的英雄。中华人民共和国成立后，历任国家建委党组副书记、副主任，交通部党组书记、副部长，轻工业部党组书记、第一副部长等职。1986年病逝。中共中央评价其为中国共产党优秀党员、久经考验的共产主义忠诚战士、无产阶级革命家。

晋冀豫抗日根据地革命遗址：八路军晋城办事处

八路军军鞋厂

二○二一年七月一日

八路军军鞋厂纪念馆：
万双军鞋送前线

地理位置：泽州县巴公镇桥岭村（太行一号旅游公路泽州段大阳支线12千米处）

★·第十六站

八路军军鞋纪念馆展陈内容

　　桥岭村地处丘陵地区，位于西山红岭上，因村中乔姓最多，初名"乔岑"，后改为"桥岭"。20世纪60年代，这里曾是远近闻名的红果（山楂）产地、罐头之乡，村中一棵树龄长达500年之久的红果树，堪称"红果之父"，是当时全国最大的一棵红果树。可惜的是，这棵红果树如今已不复存在。而在这个革命老区重点村，更为传奇的还有抗战时期万双军鞋的故事。

　　战争年代，人民军队以"铁脚板"著称，经常急行军上百里投入战斗。而这些"铁脚板"上穿的就是人民群众手工做的布鞋。正是这千针万线做出的布鞋，撑起了这一双双"铁脚板"，换来了革命的胜利、人民的解放。桥岭村八路军军鞋厂就是其中之一。

　　1938年，在晋城中心县委的领导下，晋豫边区八路军晋城办事处进驻桥岭村三官庙，晋城早期中共党组织的创始人之一、办事处副处长陈立志带领桥岭村群众办起了60多人组成的军鞋厂，在回军村办起了军衣厂，为晋豫边游击队（简称唐支队）及八路军其他部队制作军鞋和军装。

　　面对日本侵略者的嚣张气焰和国民党顽固派屡屡制造事端的恶劣斗争环境，**桥岭村广大人民群众不畏艰难困苦，不怕流血牺牲，忍饥挨饿，加班加点，家家户户做军鞋，针针线线心向党。**儿童站岗放哨，妇女织布做鞋，月光下、油灯前，剪鞋样、纺麻线、纳鞋底……一针一线不分昼夜地赶制着军鞋，为支援抗战作出了重要贡献。

　　据记载，1938年底至1942年间，桥岭村年产军鞋10000双、鞋垫6000双，年产军用背包绳索、战马缰绳50000余米，为此，军鞋厂多次受到司令员唐天际的表扬，并被誉为晋豫边区抗战的一面旗帜。

　　2021年，中国共产党成立100周年之际，八路军军鞋厂纪念馆在桥岭村建成。透过记忆的大门，糊褙子、裁鞋样、裹底、纳鞋底、裁鞋帮、滚边口……一针一线，日日夜夜的故事里，承载着艰苦岁月中的风风雨雨，承载着对人民子弟兵的深情厚谊，更承载着对革命胜利的信心和决心。

中共晋城中心县委旧址：
大阳红馆里的家国情怀

📍 地理位置：泽州县大阳镇西大阳村（太行一号旅游公路泽州段大阳支线）

一分街东岳庙

在太行山麓的泽州县，有一座拥有 2600 多年历史的古镇——大阳古镇，古称阳阿。

古镇名气不小，古建多，名人也多。汉高祖刘邦曾在这里封国，西燕皇帝慕容永也曾在这里设郡。

古镇规模宏大，分为东大阳和西大阳。这里有保存完好的明清古建筑群，被专家誉为"中国古城镇的活化石"，这里也是中国历史文化名镇和中国民间文化艺术之乡。城池寨堡、纵横街巷、官宅商居、楼阁津梁、寺庙祠庵比比皆是，一砖一石，一街一巷，都是百岁以上的"老人"。

这其中，历尽千年沧桑的大阳汤帝庙最为著名。它是晋东南 200 多座成汤庙宇中，名气最大的全国重点文物保护单位，也曾作为中共晋城中心县委驻地之一。为此，中共晋城中心县委纪念馆就修建在这里，当地人自豪地称之为"大阳红馆"。

1937 年 12 月，受中共晋东南特委派遣，赖若愚在大阳秘密组建中共晋城中心县工委，负责领导晋城、阳城、沁水以及高平白晋公路以西党组织的恢复和发展，不久改称"晋城

赖若愚、王子如夫妇在大阳

八路军大阳会议旧址

中心县委"。县委开始设在西大阳汤帝庙和君泰号院，后迁往赵庄、甘润、阎庄及书院头等地办公。这也是自1927年大革命失败后，晋城党组织的第四次成立。

　　中心县委成立之初，全县党员人数不足50人，且散居四乡。在这样的情况下，县委书记赖若愚带领晋城中心县委仅一年时间，就成立了7个直属区分委，到1938年底，全县党员迅速发展到1693人。其间，不但开办了大阳兵工厂，为唐支队、南公八路、晋民游击队等地方武装制造了大量武器，组织成立了晋豫边区八路军驻晋城办事处，为唐支队输送兵源、提供军需，还开办了濩泽中学抗日军政培训班，先后培养了140余名抗日骨干。广大人民群众更是踊跃参军参战，涌现出父送子、妻送郎、兄弟争相上战场的感人场景。

　　抗战初期，大阳党、政、军、群组织集聚，晋城中心县委与八路军、决死队和牺盟会密切配合，掀起了抗日救亡的高潮，大阳一度成为晋城抗战中心。

　　1939年12月，阎锡山发动了震惊中外的"十二月事变"，晋城党组织又一次遭到严重破坏。晋城中心县委在大阳虽然只有两年时间，却将革命的火种播撒在这片土地上，影响和鼓舞了一大批年轻人走上了革命道路。

泽州县廉政教育基地西土河展馆

中共晋沁县委、晋沁县抗日民主政府驻地：
英模辈出『小延安』 ★·第十八站

地理位置：泽州县山河镇西土河村（太行一号旅游公路泽州段 2 千米处）

展陈内容

红色历史、红色土壤，造就红色基因。

这里是泽州县山河镇西土河村，也被称为"小延安"。

抗战时期，中共晋南县抗日民主政府和中共晋沁县委、晋沁县抗日民主政府在这里成立，这里是晋豫区创建较早的革命根据地之一。

这里英雄辈出，抗日战争和解放战争时期英勇牺牲的革命烈士有49人，涌现出以参加过开国大典的全国战斗英雄卫小堂为代表的一批英模人物。

这里红色文化积淀深厚，共有红色文化遗址30余处，是重点革命老区村之一。漫步村中，行不数步，目之所及皆为红色遗址，土地庙、关帝庙、新院、马台院、东头上街院等，一个院落就是一道风景，无声地诉说着那战火纷飞的革命往事。

1939年"十二月事变"和1940年初的"土岭事变"后，晋城轰轰烈烈的抗日救亡运动陷入低潮，中共党组织被迫转入地下活动，晋城抗日革命根据地暂时丧失。

1942年春，中共晋豫第一地委书记王毅之同太岳南进支队第十八团团长闵学圣、政委金世柏率部到晋城南部重新开辟抗日革命根据地，打垮了国民党二十六支队李正德部和阎锡山第四十三军残部，同年 4 月，在山河镇西土河村关帝庙，一地委召开了晋南县抗日民主政府成立大会，建立晋南县抗日民主政府，全面恢复和建立了区、村党组织和政权组织。同年 12 月，晋南县和沁阳县合并为中共晋沁县，合并后的中共晋沁县委机关设于此。同时，晋沁县抗日民主政府也在西土河村大庙挂牌成立。之后，大力宣传对日斗争形势，瓦解孤立日伪汉奸，积极组织群众开展反"扫荡"、除汉奸、废除苛捐杂税和武装斗争，为晋豫两省人民的解放立下了不朽功勋。

1945 年 4 月晋城解放后，晋沁县、晋北县合并为晋城县，晋沁县结束了其历史使命。

为了留住历史的足迹，记住英雄的过往，西土河村投资修建了一个集党性教育、红色旅游、学习培训、拓展训练于一体的红色教育基地。目前，该基地与西山村"红色文化展览馆"、前李河村革命教育基地合称为"三馆一基地"，这个革命老区村正以崭新的面貌再一次走进大众的视野。

西土河村红色廉政文化大院

朱德出太行红色教育基地：
策马扬鞭出太行

★ ·第十九站·

地理位置：泽州县山河镇青崛村（太行一号旅游公路泽州段15千米处）

朱德出行太行红色教育基地

巍峨雄伟的太行山，历经烽火硝烟的洗礼，留下了革命先烈叱咤风云的足迹，更孕育了无数彪炳千秋的光辉诗篇，这其中就有朱德总司令的七言绝句《出太行》：

1940 年 5 月，经洛阳去重庆谈判，中途返延安。是时抗战紧急，内战又起，国人皆忧。

群峰壁立太行头，

天险黄河一望收。

两岸烽烟红似火，

此行当可慰同仇。

抗日战争期间，作为八路军总司令的朱德曾数次来到晋城，足迹遍及辖区各县。1940 年 5 月，朱德总司令赴洛阳谈判，青龛村愁儿沟就是他出太行在山西的最后一站，这首诗就创作于这个时期。

朱德出太行小道，位于山西晋城与河南济源之间，总长约 30 千米，是一条几乎全部挂在悬崖峭壁之上的崎岖千年古道，最早是隋炀

朱德出太行红色教育基地

帝杨广开辟用来骑马、观光的小道，也是古代山西和河南两地人民交往的重要通道。因小道只能容下一匹马或一个人通过，遇到狂风暴雨等恶劣天气更是泥泞难走，老百姓感到非常发愁，所以小道也叫愁儿沟。

1940年5月5日，朱德总司令下太行路过青龛村愁儿沟，站在高山峻岭之上，伫马回首，各种情怀涌上心头，于是创作了这首七绝《出太行》，这首诗既是号召国共两党要团结抗战的战斗号角，更澎湃着不畏强敌、同仇敌忾、敢于胜利的革命乐观主义精神。

后来，这首诗发表于7月24日的《新华日报》上。这首不朽诗篇一经推出，立即引起广大国民的共鸣，传诵酬唱，激励了无数军民。

◀红色教育基地展陈组图

青龛村所获荣誉

乾棠烈士陵园：
你的名字，永不褪色的红色印记

革命烈士永垂不朽

松柏满园，丰碑矗立。在泽州县南岭镇乾棠村乾棠烈士陵园内，烈士李福棠和李乾海长眠于此。

一个村庄为什么要以革命烈士的名字来命名？其中有一个悲壮真实的故事。

乾棠村，原名龙窝村。抗日战争时期，周村镇特殊的地理位置和交通优势，使这一带成为敌人的据点所在地，因此，附近一带民兵组织也异常活跃，其中主要是龙窝村的李福棠和李乾海领导的民兵组织。

1942年至1943年，李福棠和李乾海先后参加了民兵组织，并加入中国共产党。他们把全村40多名青年人组织起来，参加了中共晋沁县抗日民主政府一区区分委组织的民兵轮战队。

1944年12月16日拂晓，身为指导员的李福棠和民兵队长李乾海带领民兵在打麦场上开展训练。突然，从周村方向来了一股日伪军，他们立即鸣锣报警，带领民兵冲进村里，一边帮助群众转移，一边组织民兵立即投入战斗。

为了掩护群众向南安全转移，民兵们将日伪军引到村东北的土岭上，利用山神庙的有利地形，同敌人展开了殊死斗争。由于日伪军来势凶猛，武器装备又好，李福棠考虑到不能长时间对抗下去，就命令李乾海带领大部分民兵占领制高点，他和哥哥李要棠等少数民兵则绕过土坡去袭击日伪军的后背。激烈的战斗中，李福棠趴在一棵柿树下，将一颗颗手榴弹投向了敌群，却因寡不敌众，不幸头部中弹壮烈牺牲。李乾海看到李福棠牺牲了，脱掉衣服端起机枪，不顾一切地向日伪军猛烈射击，正当他带领民兵向前冲锋的时候，一颗子弹射入了他的胸膛，他也应声倒了下去。

牺牲时，李福棠年仅19岁，李乾海年仅18岁。

战后，太岳区党委授予李乾海、李福棠二人"抗日民族英雄"荣誉称号。为了永远缅怀他们，中共晋沁县委和县人民政府决定从两位英雄的名字中各取一字，将龙窝村改名为乾棠村，并勒石立碑，以示永久怀念。

1996年12月，乾棠烈士陵园被泽州县人民政府列为县级文物保护单位，被中共泽州县委命名为县级爱国主义教育基地。2013年1月，被中共晋城市委命名为市级爱国主义教育基地。

乾棠村烈士墓地

★ 土岭事件纪念馆：
土岭事件，震惊全国！

地理位置：泽州县南岭镇土岭村（太行一号旅游公路泽州段2千米处）

烈士纪念亭　程立胜

"沁河第一湾"逶迤盘旋，奎星山、九女峰、擦耳背、十八拐、八仙洞等自然景观镶嵌四周，秀水、青山、名刹……革命老区村——土岭村就坐落在这里。

　　土岭村，因建村于一条土岭下而得名，村子不大，只有65户，200余口人。漫步土岭，民居整洁，民风纯朴，仿佛置身世外桃源。但在抗日战争时期，这里却有着非比寻常的经历，这里是晋豫边抗日根据地的重要活动区域，曾是中共晋沁阳三县联合工委和三县联合办事处驻地，1940年1月4日，震惊全国的"土岭事件"就发生在这里。

　　1939年12月，阎锡山发动"十二月事变"，大肆破坏中国共产党的组织，屠杀中共党员和革命干部。在白色恐怖的笼罩下，从晋城、阳城、沁水三县转移出来的党政、牺盟会干部，根据上级的指示，转移到土岭村，成立了三县联合办事处，再加上以"黄河剧团"为名的中共沁阳中心县委一班人马，总计约800人，在这里学习、休整和改编。当时正值新年，为了让同志们过好年，办事处派人到附近的犁川镇购买食物，殊不知此人却将大队人马集中在土岭的消息无意中泄露了出去。

土岭事件纪念馆

1940年1月4日凌晨，国民党四十七军的两个团和地方反动武装包围了土岭村。晋城、沁水、阳城三县武装和敌人进行了激烈的战斗，晋城县牺盟特派员丁文法带领10多名干部坚守土岭村东高台院抵抗敌人。敌人连续3次发起进攻，始终未能攻入院内。一直坚持到9点多钟，敌人用柴草将丁文法等人所守的三层楼房点燃。霎时，浓烟四起，火光通明，战斗愈演愈烈。最终因寡不敌众，牺盟会特派员丁文法、分会组织部长常居易、通信员小徐等人壮烈牺牲，沁阳中心县委书记刘刚、副书记王毅之等80余人被俘。后经朱德总司令亲自交涉，国民党反动派不得不释放被捕人员。这就是震惊全国的"土岭事件"。

"土岭事件"暴露了国民党反动派假抗日真反共的反动本质。

为了缅怀先烈，占地180平方米的土岭事件纪念馆共展出历史照片80多幅以及当时的一些老物件，真实地再现了土岭事件发生的全过程。土岭事件旧址在中华人民共和国成立后，也先后进行了两次维修，现保存尚好。

土岭事件旧址

土岭事件旧址

★ 八路军太岳南进支队战斗遗址：
独泉村战斗在这里打响

📍 地理位置：阳城县东冶镇独泉村（太行一号旅游公路阳城段）

在东冶 267 平方千米的土地上，有延河泉、神子头泉、晋圪坨泉、西磨滩泉、下川泉、大院泉、窑头泉、独泉、西冶泉九大泉水。人杰地灵的独泉村，一眼神泉源源不断，从不干涸。从古至今，不知滋养了多少生灵。

独泉村，位于阳城县城东南三盘山北麓、涧河南侧的佛山之阳，由独泉、焦坪、枪杆三个村合并而成。这里紧邻阳济线，太行一号旅游公路穿村而过，交通十分便利。

这里是红色革命老区村。抗日战争时期，八路军太岳南进支队在这里剿灭了阎锡山的"东府"。邓小平在这里召开了载誉史册的"枪杆会议"，太岳日报社社长兼总编辑魏奉璋在这里流血牺牲，独泉村战斗在这里打响。

1942 年 1 月 18 日，以团长陈康、政委高德西率领太岳南进支队先遣部队十七团作为开路先锋，从沁水东西峪出发，经端氏进入阳城东南山区，于 20 日靠近独泉村。以阎系阳城县政府县长张从龙为首的武装及其依附的阎系四十三军靳福忠团阻扰八路军向阳城南部开进，八路军于 21 日凌晨在阳城独泉村西及龙洞坡、寨上对其发起攻击，并追歼逃敌至八里背。经过 4 个多小时的激战，共毙敌 70 余人，击毙顽军团长靳福忠，生俘李正德等 200 余人，张从龙率少数残余逃往天麻山。

　　独泉村战斗，为八路军重新开辟晋豫边敌后抗日根据地扫清了通道，打出了八路军的声威，使阳城人民看到了抗战的中坚力量和希望。晋豫边敌后抗日根据地由此开始建立并逐步发展巩固。

独泉村一角　关飞飞摄

枪杆会议及魏奉璋牺牲地遗址：
红色枪杆别样红

地理位置：阳城县东冶镇独泉村枪杆片区（太行一号旅游公路阳城段 3 千米处）

枪杆会议纪念馆外景

枪杆会议纪念馆

每个乡村都有其特定的符号和记忆。一支长枪，就是枪杆村独一无二的红色密码。

这个深藏在中条山和太行山交界处的秀美山村，因地形像极了一支横卧山沟的长枪而得名，更因邓小平同志曾在此召开八路军抗战史上著名的"枪杆会议"而闻名。每每有游客来访，那支默默伫立在村头高高挺起的枪杆，总能将大家的思绪带到那个战火纷飞的光辉岁月。

枪杆村位于阳城县东冶镇西南部，与蟒河国家级自然保护区毗邻，辖区总面积 7.5 平方千米。这里依山傍水，植被茂密，由于位置十分隐蔽，只有一条羊肠小道与外界相通，一条季节河将村子一分为二，左岸是高山密林，右岸是民居院落，少许梯田分布于山腰，适于召开会议。1942 年 5 月，在前后不到两天的时间里，邓小平同志在此召开了军政干部和全体指战员大会，史称"枪杆会议"。

红色基因的注入，将革命星火以燎原之势，从枪杆村迅速蔓延至周边地区。"枪杆会议"之后，经过 4 个月的艰苦努力，太岳南进支队基本肃清了日伪军、顽固军和土匪武装，根据地人口扩大到 20 多万人，逐步组建起一批县级抗日政权组织，壮大了地方武装力量，恢复了大部分地方党组织，在抗日军事史上留下了浓墨重彩的一笔。

在枪杆，不该忘却的还有这样的一位老报人。1943年10月5日，在日伪军对阳南山区的一次"扫荡"中，时任太岳日报社社长兼总编辑的魏奉璋在率部转移中与敌遭遇，在枪杆村不幸牺牲。为了纪念魏奉璋，1945年7月至解放初期，枪杆村一度更名为奉璋村。1950年，又改为枪杆村。2020年4月，撤并村落并入独泉村，为枪杆片区。

弘扬红色文化，赓续红色血脉。如今的枪杆，凭借其得天独厚的红色资源和自然风光，打响叫亮"红色枪杆太行江南"品牌，成为阳城县脱贫攻坚示范村和文旅康融合发展标杆村。2022年，该村成功入选山西省红色村试点。

独泉村枪杆片区

中共阳城县委重新组建地旧址：
摇铃声声战火燃

地理位置：阳城县河北镇坪泉村（太行一号旅游公路阳城段 3 千米处）

坪泉抗战纪事浮雕

在坪泉村抗日纪念馆内，保存着一只特殊的摇铃。当年，地下党员、阳城县抗日民主政府县长魏维良就摇着它，在八路军太岳南进支队到达坪泉之前，乔装成卖货郎，两次挑着货担翻山越岭，走村串巷，来到地势险要的坪泉村，坚持隐蔽斗争。当时，他自称"老魏"，村里人都认识他。后来才知道，他是在为县政府选址。而他的妻子王恒，时任阳城县抗日民主政府民政科代理科长，同样冒着生命危险，在这里进行着艰苦卓绝的抗日斗争。

铃声清脆，夫妻同心，不屈的抗战之火在坪泉熊熊燃烧。

作为革命老区，早在 1938 年和 1942 年，坪泉两度成为以聂真同志为书记的中共晋豫特委和晋豫区党委指挥全区革命斗争的中心。1942 年 1 月，八路军太岳南进支队十七团、晋豫联办在这里扎营抗敌。为加速开辟革命根据地，中共晋豫一地委书记王毅之在这里召开秘密会议，撤销"十二月事变"后建立的阳南、阳北地下秘密县委，重新组建中共阳城县委。不久，先前建立的阳城县抗日民主政府也由辉泉村移驻坪泉村，与县委共同领导阳城根据地的工

阳城县抗日民主政府纪念碑

作。1942 年 5 月，"枪杆会议"后，晋豫联防区部队一部也驻扎在这里。坪泉村由此成为阳城县第一个完全由共产党建立和领导的人民政权驻地，时间长达两年。

在这里，阳城县委、县政府建立健全了民政、武装、粮食、公安等政权机构，开办了造纸、印刷、被服、皮革支前四厂，建立了地方武装县大队（独立营），打鬼子、杀汉奸、拔除日伪据点，远近敌伪闻风丧胆，抗日烽火燃遍了全阳城。坪泉老百姓更是踊跃参军支前，先后有 26 人参加八路军，210 人支前，30 名民兵参加解放豫西，筹运军粮 100 多万斤，做军鞋军装 10000 余件，为八路军收藏大炮、迫击炮 7 门，军马 13 匹，保护抗日干部、转送情报更是家常便饭。

这个名不见经传的小山村，就这样在晋豫边区抗战史上留下了浓墨重彩的一笔。

阳城县抗日民主政府坪泉纪念馆

纪念馆内塑像

阳城县政府抗日游击大队在坪泉驻地旧址

中共阳城县委书记陆达，县长刘裕民、魏维良在坪泉驻地旧址——西院

艰苦奋斗　廉洁从政

为人民

孙文龙纪念馆　程立胜摄

孙文龙纪念馆：
太行山上的焦裕禄

地理位置：阳城县河北镇孤堆底村（太行一号旅游公路阳城段 8 千米处）

★

第二十五站

孙文龙纪念碑石刻

1982年3月16日，积劳成疾的孙文龙倒在了工作岗位上。噩耗传来，松柏肃立，铅云低垂。

到屯留担任县委书记也就一年多时间，他带领全县人民兴桑养蚕、兴水治害、兴林绿化、兴利除弊，发展桑园6000余亩，产茧5万多公斤，蚕桑生产迅速成为该县支柱产业之一，五里庄丝织挂毯更是走向世界。而在他入殓时，一米八的个头却骨瘦如柴，连件像样的衣服也没有，还穿着在武装部工作时的旧军装。

这一年，孙文龙年仅51岁。

在孙文龙的故乡——阳城县河北镇孤堆底村，老人们都会吟诵这样一段歌谣："孤山耸立，雄踞独峰。九岭相向，十山相拥。群峻荟萃，景情融融。情留何处，在故人中。"歌谣中饱含着对孙文龙绵长无尽的思念，还有那高山仰止般的崇敬。

在孤堆底村，很多人都能讲出一段孙文龙的故事，质朴地勾勒出那个鞠躬尽瘁、一心为民的身影。孙文龙出身普通农民家庭，先是参军，后分配到山西省委机关工作。1957年，他放弃了省城舒适安逸的生活，主动要

时任武乡县副县长曹明魁到医　　孙文龙在水利建设工地　　　孙文龙生活照
院看望孙文龙

求返乡支农。25年间，他先后任乡长、公社书记、县革委会主任，连任阳城、武乡、屯留三县县委书记。被老百姓亲切地称为"蚕桑书记""粪篓书记""焦裕禄式的好书记"。

　　孙文龙在家乡的工作时间最长，从1957年一直到1977年，历时20年。26岁时，他被任命为文敏乡乡长，成为全县最年轻的乡长。35岁时升任阳城县副县长，之后历任县长、县委书记。为了改变家乡贫困落后的面貌，他走遍了全县380多个村庄，走进最贫苦的群众中间，带领大伙栽下上千万株桑树，短短几年就使阳城的蚕茧产量位居山西之首、华北之冠。他还开种植苹果之先河，开沟修渠，筑坝建库，创出了全国水利建设先进县。因在高寒山区试种棉花成功的创举，更是受到周总理的接见与赞扬。

　　然而，长期超负荷的工作最终还是击垮了这个硬汉。1974年春，孙文龙在参加会议时当场昏迷。经诊断，他身患肝硬化，并出现腹水。此后，孙文龙下乡，中药、药锅从不离身，可他依然一心扑在工作上，因为他早已把生与死、苦与乐，都融进党性誓言。在武乡，他移花接木，武乡一跃成为全国新蚕区的一面旗帜，受到国务院的表彰；他改土治水，全县136项农田水利建设工程惠及人民……斯人已逝，桑林长青。孙文龙带领老百姓栽下的桑树，如今已成为"绿色银行"，造福千家万户。

　　谁惦记着老百姓，老百姓就永远念着他。2001年3月，老百姓和社会各界自发捐资修建了孙文龙纪念馆。纪念馆为3A级景区，占地面积15000平方米，展厅面积5000平方米，展示了孙文龙为改变家乡、改变老区贫困落后面貌励精图治，改革创新，全心全意为人民无私奉献的动人事迹。

　　每年，来纪念馆参观的访客络绎不绝。孙文龙，已不再是一个普通的名字，它已成为一种精神符号，如一座丰碑，屹立在太行山上。

★ 杨尚昆及中共晋豫特委活动地旧址：来千年古刹，听一段红色故事

📍 地理位置：阳城县河北镇下交村（太行一号旅游公路阳城段 12 千米处）

2006 年，汤帝庙被国务院公布为全国重点文物保护单位

下交村汤帝庙

下交村当铺院

商汤文化作为一种独特的农耕文化，随着历史的长河传承至今，也孕育了阳城灿烂的历史文化。在阳城县境内的古建筑群中，至今还保存着百余座规模宏大、建筑精美的汤帝庙及其古建筑群。

成汤之庙，全国都有，但阳城县数量最多、分布最广，这在全国绝无仅有。

下交汤帝庙作为析城山下最古老的汤帝庙，也是我国现存较早的汤帝庙之一。但当地的老百姓更愿意把这里称为"革命庙"。因为在抗日战争时期，这座古朴的庙宇作为中共晋豫特委的重要驻地，承载着老一辈无产阶级革命家留下的红色印记，铭记着无数革命先烈艰苦卓绝与敌人战斗到底的坚强信念。

和平年代，当我们走进这座历经风霜雪雨、战火纷飞的千年古刹，当年腥风血雨的战斗仿佛就发生在昨天。

1938 年后半年至 1939 年初，中共晋豫特委和八路军晋豫边游击队司令部一度转驻下交村。其中，特委机关驻该村当铺院，游击队司令部驻坽洞口院。晋豫边根据地进入相对稳定的发展时期，晋豫特委积极发展地下党组织，利用牺盟会等加紧组织、训练抗日组织及其干部，发展建立了各种抗日武装。1938

年 11 月和 1939 年 1 月，中共晋豫特委分别在下交召开两次重要会议。一次是 1938 年 11 月 24 日上午，时任中共中央北方局书记的杨尚昆到晋豫特委驻地下交庙召开会议，传达中共六届六中全会精神并作了形势分析报告。另一次是 1939 年 1 月，晋豫特委再次召开会议，根据六届六中全会精神，中共晋豫特委改设为中共晋豫地委。

熊熊革命烈火，在这座千年古刹点燃。作为革命老区，下交村更是涌现出一个又一个英雄人物，李银宝、崔振华、刘斌等人就是其中的杰出代表。

1943 年 11 月 7 日，日军开始了新一轮大"扫荡"，时任下交村第二任党支部书记、年仅 25 岁的崔振华不顾个人安危，组织村民分散隐蔽。由于汉奸告密，他不幸被捕。在汤帝庙东厢房内，面对敌人的威逼利诱和严刑拷打，崔振华宁死不屈，被敌人绑在木板上活活烧死。

为了纪念崔振华烈士，阳城县人民政府在 20 世纪 50 年代，曾经把河北乡改为振华乡，把下交村改为振华村，把下交完小改为振华完小。如今，下交村南面有一条路还叫做振华路。他的名字也被太岳区党委、太岳军区、太岳行署刻石于太岳烈士陵园纪念碑上，留传千古。

下交村当铺院

阳南抗日县政府旧址：
抗战时期阳城的"小延安"

地理位置：阳城县河北镇暖辿村（太行一号旅游公路阳城段 10 千米处）

暖，暖和；汕，山中的坡地。

暖汕村，一个顺着中条山东麓山川斜坡铺展开来的小山村，自古以来就传颂着诸多传奇故事。

相传，古代商汤王祈雨路过该村时，正值寒冬腊月，偏巧在这个山坳里既能避风又暖和，便住了下来，待到来年春暖花开便登上圣王坪祈雨。为留念想，他便赐名此村为"暖汕"。

更被大家所熟知的，则是那些可歌可泣的红色革命故事。

山高林密，峰峦叠嶂，沟深路弯，暖汕村的战略地位十分重要，历来乃兵家必争之地。抗日战争时期，中共晋豫区党委、八路军豫晋边联防司令部、中共阳南县委县政府以及阳城县第六区分委区政府都曾驻扎于此，写下了抗日战争史上的不朽篇章。这里也是我党我军重要领导人抗战时期往来于中共中央所在地延安与北方局、太行八路军总部的主要通道之一。因此，暖汕也被誉为阳城革命斗争史上的"小延安"。

红色暖汕

1942 年 2 月初，中共阳南县委在河北镇坪泉村组建成立，1943 年初转驻暖洫村，直到 1945 年 4 月阳城解放。县委书记先后为王竞成（女）和李敏唐。阳南县县长先后为魏维良、刘裕民。阳南县委下辖六个区分委。与此同时，阳南县抗日民主政府于 1943 年 2 月初也由桑林乡的辉泉村转入暖洫村，直到 1945 年 4 月阳城解放。阳南县政府下设 12 个政府职能机构，全部驻于暖洫村。全县还设立了六个区政府。

　　1942 年 5 月 5 日，八路军一二九师政委邓小平来到阳城暖洫视察工作并做出重要指示。遵照邓小平政委的指示和区委工作部署，阳南县委、县政府积极开展游击战争，发动生产自救，开展减租减息，惩处汉奸敌特。这期间，涌现出"夜明珠"李银保、"爆炸大王"李土生、妇女劳模李小俊、"农民领袖"崔松林等一大批英雄人物，受到四地委专署领导人的表彰，称赞阳南县是"抗日根据地的模范县"。

　　如今，这里依然保留着丰富的革命遗迹，如邓小平、聂真、王新亭、刘真临时住址，阳南党政、民政、教育、公安等机构旧址。石墙青瓦，一树一物，是历史的见证，更是砥砺前行的不竭动力。

阳南县革命展厅

晋豫边抗日纪念馆：
一个私人纪念馆的"前世今生"

地理位置：阳城县横河镇横河村（太行一号旅游公路阳城段）

　　在晋豫边抗日纪念馆内，陈列着 700 多件有价值的文物和 400 多张珍贵照片，为了这些宝贝，过去的 20 多年间，中国好人、阳城县老教师张茂银和横河籍同乡郝海龙倾注了大量心血。

晋豫边抗日纪念馆

1996 年起，从知天命到古稀之年，张茂银历时 18 年，花掉全部积蓄，行程万里，远赴洛阳、福建等地，走访革命前辈 300 余人次，追寻到抗日遗址 60 多处，写信 200 余封，征集有关资料 500 余份，珍贵照片 400 多张，有价值文物 700 余件。之后，又历经 4 年时间，和郝海龙自筹资金建起了占地 490 平方米的晋豫边抗日纪念馆，并请原晋豫特委书记聂真为纪念馆题写馆名。2010 年，为进一步加深群众对晋豫边革命老区的记忆，张茂银又筹资编辑出版了 40 万字的《晋豫边革命斗争文集——横河风云》。2017 年秋，他将自己多年收集的 1000 余件书籍、史料、珍贵照片、文物等无偿捐赠。

对于家乡横河的热爱，张茂银和郝海龙是刻在骨子里的。

横河镇，位于阳城县西南部，晋豫两省交界处，北负尖山，面对鳌背，西依云蒙，东托析城，四山环绕，两水中横，沟深林茂，层峦叠翠，易守难攻，素有"阳城南大门"之称，历来是兵家必争之地。这里不仅历史悠久，风景优美，更有着女娲补天、商汤祷雨等传说。得益于得天独厚的地理条件，抗日战争时期这里曾是晋豫边区抗日根据地，中国共产党领导下的晋豫区特委曾驻扎于此。

*1938 年 3 月，晋豫边抗日根据地在横河创建。*1943 年 4 月，与太岳区合并。5 年间，从发展、巩固建设到转入隐蔽斗争，再到重建、巩固与全面建设，作为联络中共中央所在地陕北延安与中共中央北方局和八路军驻地太行区乃至华北、华中各抗日根据地的重要交通枢纽，根据地军民在中国共产党的领导下，浴血奋战，英勇抗敌，写下了彪炳史册的辉煌篇章，建树了不朽的历史丰碑！

2021 年，81 岁的张茂银离开了人世。斯人虽已远去，但盘亭河畔的晋豫边抗日纪念馆却依然忙碌地迎接着一批又一批前来参观的人们。在一次又一次的红色洗礼中，不怕牺牲、顽强拼搏的革命精神早已深深根植于这片英雄的土地上，续写着新的传奇。

晋豫边抗日纪念馆组图

次滩兵站

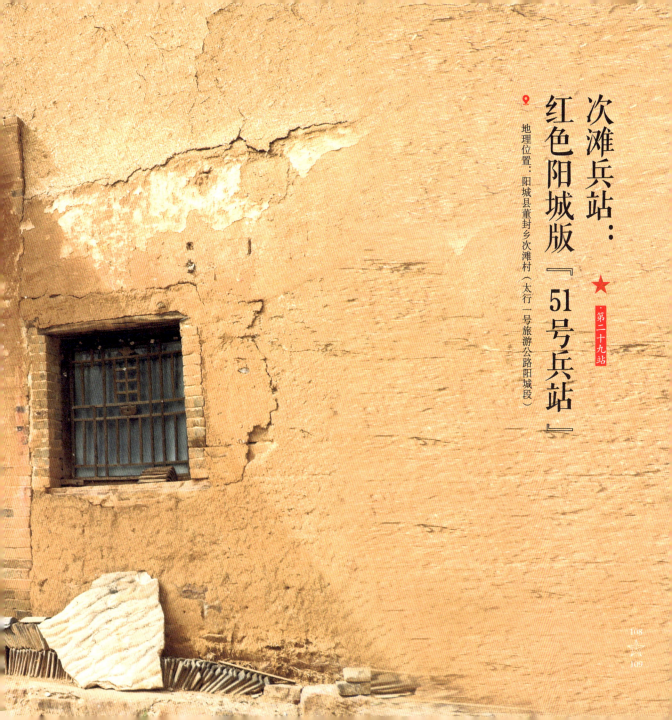

次滩兵站：
红色阳城版『51号兵站』

地理位置：阳城县董封乡次滩村（太行一号旅游公路阳城段）

次滩村

    说到兵站，很多人不由得就会想到多次被电影和电视剧翻拍的《51号兵站》，讲述的是抗日战争时期中共地下党通过建立秘密兵站将军需物资运送到抗日根据地的故事。次滩兵站，就是这样一个红色阳城版的"51号兵站"。

    抗战时期，为加强八路军总部通向延安的交通线，保证抗战前方所需的粮食、枪械、弹药、服装、医药供应，国共两党于1938年达成协议，八路军总指挥部兵站部在总部驻地武乡与延安之间，建立了一条由武乡经平顺、陵川、高平、阳城、垣曲，过黄河，再经西安到延安的兵站交通线。其中，就有次滩兵站。

    几座不起眼的老院子内，圆拱门、木框窗、毛石墙……与周围的民房比起来，看似普通却又十分惹眼。这里就是当年次滩兵站各个机构所在地。

    次滩兵站建立于1938年9月，为阳城直出垣曲总站的通口站，连级建制，由老红军罗光彪任站长。兵站设接待处、机要室、医疗室、警卫室、炊事班、运输队等机构，晋豫边游击支队派两个排的兵力对兵站进行保护。该兵站共有八路军干部战士近百人，共占用4个院落、30多间房屋。

兵站的主要任务是宣传全面抗战，动员青年参军，掩护党组织活动，接送从延安到前线的来往干部及有关人士，搜集情报，传递重要文件及信件，为前线输送兵员，转移伤员，转运物资、弹药。兵站设立后，按照总站指示，往前方运送了大批战略物资。朱德、彭德怀、邓小平、杨尚昆等多次往返于这条交通线，途经这个兵站。许多知名作家、记者、新闻工作者、国际友人，如丁玲、李伯钊、魏巍、吴伯箫、陈克寒、何云、林火，印度医生柯棣华、德国医生米勒等也曾在这里作短暂停留，由兵站护送，经过这条交通线安全到达抗日前线的。

1939年，反顽斗争时，国民党军某部夜袭次滩兵站。事件发生后，我军据理交涉，迫使国民党军归还被抢物资，惩处肇事者。"十二月事变"发生后，垣曲以北的兵站线遭到彻底破坏。1940年4月，兵站撤销，次滩兵站完成了其历史使命。

八路军次滩兵站旧址

中条区高级军政干部会议旧址：
上河河畔燃烽火

📍 地理位置：阳城县董封乡上河村（太行一号旅游公路阳城段 5 千米处）

中条区高级军政干部会议纪念馆

上河会议纪念馆北展厅内墙展板　　　　　　上河会议纪念馆北展厅

　　上河村，这个藏在深山的偏僻村庄，因著名的"上河会议"而闻名遐迩。

　　上河村原叫大河村，因"大河之庄　山环水绕"而得名。后因村子处在临涧河的上游，改为上河村。别看村子不大，却位置险要，东居晋豫中条腹地，西依中条历山，南傍王屋析城山，北据太岳群山，山川纵横交错，便于出入回旋。军事上，远离敌伪占据的城镇、据点，再有民风纯朴，有较好的群众基础。

　　1942年5月26日晚，上河村东北至高处一座阁楼内，邓小平就夜宿在这里。第二天一大早，村前河滩向阳处搭起的简易敞棚会场内，中条区高级军政干部会议如约召开。晋豫区领导机关全体干部、八路军营以上干部，晋豫区所辖阳城、济源、王屋、垣曲、绛县、沁水、晋城、翼城等县的领导干部参加会议。会上，晋豫区党委书记、联防区政委聂真作《中条区过去四个月工作的检讨》工作报告，邓小平在会上发表重要讲话。

　　此次会议，确定了开辟、巩固晋豫边及中条地区抗日根据地的大政方针，极大地推动了中条山根据地的建设和发展、扩大。

中国抗日军政大学太岳分校全景 刘宏亮摄

中国抗日军政大学太岳分校：

历山脚下抗大生 ·第三十一站

地理位置：沁水县土沃乡南阳村（太行一号旅游公路沁水段）

起伏的群山、潺潺的溪流、古朴的村庄……驱车沿着太行一号线蜿蜒前行，行至南阳村，一幅风光旖旎的生态美景呈现在眼前。

南阳村位于沁水县西南部历山脚下，北倚太岳，南眺黄河，东屏太行，西临中条，进可攻退可守，为历代兵家必争之地。这里曾是盛极一时的商贾重镇，昔日的茶马古道已变身为如今的百里画廊，成为太行一号线的网红打卡地；这里也是中国抗日军政大学太岳分校、沁南县抗日政府驻地，素有"小西柏坡"之称，如今主打红色文化，文旅康养产业蓬勃发展。

一进双门，三阁两厅，分前后两个大院。后院东厢房为校务部，西厢房为政治部，位于村东头的玉

中国抗日军政大学太岳分校

皇庙就是中国抗日军政大学太岳分校旧址。当年那些怀揣救亡图存理想和革命热情的学员们，学习、工作、劳动的忙碌身影仿佛还在不停穿梭。

1943年2月，抗大太岳分校奉上级命令，从岳北转移到沁水南部的下川一带，为缩小目标，迷惑敌人，改名为"太岳军区历山大队"。同年5月，粉碎日军对中条山区的"扫荡"之后，抗大太岳分校从下川迁至中共沁南县委、沁南县抗日政府所在地——南阳。1945年11月，抗大太岳分校并入晋冀鲁豫军政大学，完成了中国抗日军政大学太岳分校的光荣历史使命。

抗大太岳分校在南阳办学近三年间，犹如一粒种子不断孕育成长、发展壮大。先后培养了政治素质高、军事技术硬、工作作风好的共产党军政干部近千人，为太岳部队和太岳区党政机关输送了大量干部。同时，积累了艰苦战争岁月一边学习、一边战斗、一边生产的办学经验，形成"团结紧张、严肃活泼"的抗大校风，铸就了抗战史上的一座丰碑。

中国抗日军政大学太岳分校旧址

沁水县抗日烈士殉难纪念碑

★ 沁水党史馆:
千年古县的红色脉动

·第三十二站·

📍 地理位置: 沁水县龙港镇龙港公园 (太行一号旅游公路沁水段)

馆陈内容

沁水，因沁河纵贯南北而得名。

这里有着悠久的历史文化积淀。旧石器时期晚期的下川遗址，证实了2万年前人类的祖先就在这里繁衍生息；4000年前舜帝躬耕历山，开启了原始农耕文明；2400多年前，三家分晋的历史在这里落幕，自此春秋毕战国始。北方山水画派鼻祖荆浩、人民作家赵树理……文字浩瀚如海，遗迹古色古香，沁水仿佛是一座跨越千年的博物馆，处处承载着历史的厚重。

这里又是一方具有光荣革命传统的热土。作为革命老区，1925年这里就有了党组织的早期活动；1937年9月，沁水县第一个县级中共组织——中共沁水县工作委员会在文庙成立；1938年，沁水县城东片地区第一个农村党支部——樾山党支部成立；1939年9月，中共沁水县委第一次党代会在郑村镇后河村道仁庙举行……

每一座红色场馆，都是一段浓缩的历史，都是一份精神的传承。为了纪念这段红色历史，2022年11月，沁水党史馆建成开馆。

沁水党史馆建筑面积约700平方米，布展面积近600平方米，以"百年党史"为主线，按照四个历史时期布展为四大板块，通过实景重现、情景交融、物我一体等方法，结合多媒体互动应用，全景式展示了在中国共产党领导下，沁水人民艰苦卓绝的斗争历程与实践成果，从烽火沁水到如画沁水的历史巨变。

这里展出的每一件文物、每一段史料、每一张照片、每一个故事，既有宏大的叙事，又有令人动容的细节，都在诉说着红色政权来之不易、中华人民共和国来之不易、中国特色社会主义来之不易、幸福生活来之不易。

从下沃泉村建成全县第一个小康村，到侯月铁路全线正式运营通车，从张峰水库竣工投入使用到阳翼高速公路竣工通车，中国蜜蜂之乡、全国文明城市、国家园林县城、国家卫生县城……这座太行深处的小县城焕发出势不可挡的勃勃生机。

太岳区石室展馆

《新华日报》（太岳版）报社旧址：
致敬！太行深处新闻人

📍 地理位置：沁水县郑庄镇石室村（太行一号旅游公路沁水段）

石室村位于沁水县郑庄镇沁河西岸，村名听起来有些奇特。据村里人讲，其来历有两种说法：一是古时候有一群人迁徙到此地，看中了这里的山山水水，于是用这里优质的石材在半山腰建造了一片石头房子，由此得名"石室"。另一种说法是，该村坐落在一块四面环山的平地上，群山高耸合围，犹如一座大大的石头房子，从而得名"石室"。

石室村还有一奇，就是村里一棵树龄已有230多年的国槐，树高21.1米，冠幅19米，枝繁叶茂，遮天蔽日，也是村民们最常聚集唠嗑的地方。《新华日报》（太岳版）报社旧址就在古槐的对面。而这段辉煌的红色历史，也成为石室村人最自豪的谈资。

1938年，《新华日报》在武汉创刊，这是抗日战争时期中国共产党在国统区创办的唯一公开发行的报纸，有重庆版、华北版、太行版、太岳版和华中版5个版。

1944年3月，沁水全境解放，成为太岳区最早没有日伪据点的县域。时年9月，太岳区党委、行署和军区由安泽县转移至沁水县的郑庄、郎壁一带，《新华日报》（太岳版）报社随之迁至石室村。

作为太岳区党委机关报，1944年至1946年间，《新华日报》（太岳版）采编人员在社长金沙带领下，深入农舍、地头、

石室村外景

太岳石室展馆背面

基地一角

战场,对太岳区在郑庄召开的群英大会、减租减息、议员推选等重大事件进行实地报道,特别是 1945 年 8—9 月,数十名记者在枪林弹雨中深入上党战役前线采访,对取得的胜利进行了及时报道,揭穿了国民党反动派"假和平、真内战"的面目,宣传了我党的革命主张,在群众中引起强烈反响,成为根据地军民了解八路军抗战和根据地政策的主要渠道,真正发挥了党的喉舌作用。

在敌后办报并非只是笔战,当时的新闻工作者常常是一边同敌人周旋作战,一边设法争取时间出报。可就在这样艰苦的条件下,社长金沙、人民作家赵树理、太岳文联主席江横、太岳文化主编古北等人还创办了太岳书院;太岳军区文工团创办了晓光剧社,上演赵树理创作的 20 余个剧目。同时,培养了一大批优秀的新闻报人,为宣传党的方针政策发挥了重要作用。石室村一带也由此成为中共太岳区党政军领导军民争取抗战全面胜利的文化宣传中心,为太岳区军民坚决抗战夺取最终胜利奠定了坚实的舆论基础和动力源泉,书写了晋城新闻史上光辉的一页。

1946 年 1 月,《新华日报》(太岳版)随太岳区党委、行署、军区迁往阳城。但太行新闻人与敌斗争的英雄故事仍在不断续写。

太岳党委军区驻郎壁旧址纪念馆：
邂逅一场心灵之旅

地理位置：沁水县郑庄镇郎壁村（太行一号旅游公路沁水段 2 千米处）

太岳党委军区驻郎壁旧址纪念馆

纪念馆内景

　　作为第六批中国传统古村落，郎壁村的历史可以追溯至 7000 年以前。这里是人类文明遗存地，有隋唐年间的玉清宫、晋朝时期的圣天寺，北魏年间这里曾设立郡县，现存有神腰文化遗址和枣棋文化遗址，仰韶文化、早期龙山文化和商代文化孕育了这里的文明……这里，还是<u>抗战时期太岳革命根据地核心区</u>。

　　1944 年至 1946 年，太岳区党委军区移驻沁水期间，在郑庄镇郎壁村（行署在郑庄，党委和军区司令部设在郎壁新庙底），党委军区主要领导陈赓等居住在南郎底下窑院和西郎新院等处。其间，开展了党的建设、政权建设、经济文化建设，进行了大生产运动、减租减息运动、土地改革运动，为抗日战争和解放战争胜利做出了重要贡献。

　　为了传承红色基因，2013 年，郎壁村修建了太岳党委军区驻郎壁旧址纪念碑；2020 年，修复了毁坏严重的新庙底旧址；2021 年，太岳党委军区驻郎壁旧址纪念馆展览厅布展，修建了纪念馆院外的紫金文化广场和红色主题文化墙体，塑立了陈赓、王新亭等 4 位将军的大型石刻群雕。

纪念馆展陈内容

　　纪念馆以穿越历史、还原历史的立体手法，共设有 9 个展厅，包括"红色太岳薪火相传""太岳——这片光荣的热土""太岳在沁水""太岳光鉴老区前行""缅怀英雄　明鉴历史""祖国颂　家乡美"六大主题。

　　广场的南沿是沁河岸旁，这里镶嵌着一段记述当年抗日军民生产生活的壁墙画廊，再现了郎壁这块英雄热土上抗日军民生产生活的真实场景。

　　行走郎壁，这里的一山一水、一草一木，见证着信仰与力量，见证着奉献与牺牲，见证着老区人民破浪前行的魄力和豪迈！

　　在这里，邂逅一场早已注定的心灵之旅！

赵树理故居：永远的故乡

📍 地理位置：沁水县嘉峰镇尉迟村（太行一号旅游公路沁水段 14 千米处）

嘉峰镇尉迟村

赵树理塑像

故居，是离大师最近的地方。

在这里，时光会倒流，空间能凝滞，你会惊讶地发现，大师虽已故去多年，却从未走远，他的往事、他的气息、他的精神总会在有形和无声中，让你感悟和思索些什么。

那就来太行一号线吧，这里有人民作家赵树理的故居。这里的一砖一瓦、一草一木、一物一景，都可以让你真切地感受到这位山药蛋派鼻祖、铁笔圣手的大家风范，以及那些经典作品的精髓和灵魂。

1906 年 9 月 24 日，赵树理出生在沁河河畔的尉迟村。尉迟村原名吕窑村，因村民吕姓居多而得名。1400 多年前，唐将尉迟恭为躲避迫害曾隐居这里，期间，他教会了村民柳编技术，帮村民谋得了一项养家糊口的技能。为感念他的恩德，于是改村名为尉迟村。英勇的尉迟恭曾是村民们的骄傲，如今，这里走出的人民作家赵树理更是故乡人的自豪和荣耀。

赵树理的幼年、童年和少年时代，都是在沁河边的这个小院里度过的。由于家境贫寒，他当过学徒，卖过中草药，当过小学教员。他酷爱上党梆子、八音会等民间音乐，这些都为他日后的创作积累了丰富的素材。19 岁那年，他考上了省立长治第四师范学校，意气风发地走出了小院，告别了家乡，但他的根始终在这里，从未离开过。因为这里是生他养他的地方，也是他魂牵梦绕的故乡。

赵树理故居

赵树理部分文学作品

　　1943 年，赵树理发表短篇小说《小二黑结婚》，轰动整个解放区。之后，他又发表了《李有才板话》《李家庄的变迁》《三里湾》《灵泉洞》等脍炙人口的优秀作品。<u>他的小说拨动了无数农民的心弦。他开创了"山药蛋"派，并成为领军人物。他与以孙犁先生为首的"荷花淀派"，一度成为中国文坛耀眼的"双星"。</u>

　　不止文学，赵树理的代表作《小二黑结婚》还被改编为豫剧、评剧、歌剧、连环画等多种艺术形式。"清凌凌的水来蓝格莹莹的天，小芹我洗衣裳来到河边……"那优美的歌声传唱至今。他整理和改编的上党梆子《三关排宴》被搬上银幕后，一时风靡全国。1962 至 2022 年，60 年间上映 1.5 万余场，使上党梆子这一偏僻地方剧种一跃进入大世界。2019 年 9 月 23 日，他的长篇小说《三里湾》入选"新中国 70 年 70 部长篇小说典藏"。

　　赵树理一生热爱故乡、热爱农民，写故乡、写农民。就是在这样一座历经百年沧桑的北方四合院内，走出了赵树理这样的人民作家。如今，院落正中的那棵青桐树依然挺拔地直冲云天，焕发着勃勃生机。

抗日战争高平纪念馆：
圪台山上烽烟起

📍 地理位置：高平市野川镇圪台山模凹自然村（太行一号旅游公路高平段 15 千米处）

抗日战争高平纪念馆

纪念馆展陈组图

　　在高平西部的野川镇圪台山区，散落着十多个大大小小的自然村，它们或藏匿在山坳里，或镶嵌在褶皱处。每个山村既有着北方乡村相似的风景，更有其独特的魅力。高平县抗日民主政府（模凹）旧址就隐藏在模凹自然村观音堂庙院内，庙的对面就是抗日战争高平纪念馆。

　　80 多年前，就是在这样一个不起眼的清代古建筑内，高平县抗日民主政府领导全县人民掀起了轰轰烈烈的抗日活动，圪台山一度成为高平政治中心和重要的抗日根据地。

　　圪台山是高平革命老区，由圪台、沟底、天神头、模凹、山头、范家岭、北田家、十字岭、秦家沟、佛儿凹等 10 个自然村组成。1941 年，八路军太岳军区三八六旅十六团拔掉西珏山日伪据点后，根据抗日斗争形势的变化和需要，高平县抗日民主政府由沁水东峪迁至圪台山模凹村，县政府就设在村内观音堂庙内，同时将政治部设在圪台村，农会设在沟底村，公安局在北田家，县大队驻十字岭。在这里，县委、县政府发动群众，宣传党的抗日政策，组建武装游击队，巩固地方政权，建成高平抗日游击区和根据地，为夺取抗战胜利和高平解放谱写了光辉篇章。

　　在那个腥风血雨的岁月里，圪台山男女老少齐参战，儿童团站岗放哨传递情报，妇女们推碾子使磨，送军

纪念馆展陈组图

粮做军鞋，青壮年或参加区干队或组成民兵队伍，白天种地放羊，晚上在军械所打制长矛、大刀，配合武工队到白晋路割电线，攻北王庄、寺庄等据点，袭扰敌军。那时候，武器装备差缺少枪支弹药，可这难不倒圪台山人民，他们就地取材造石雷、榆木炮来消灭敌人。"一颗石头蛋，中间凿个眼。装上四两药，专炸日本鬼。"从此，圪台山成为高平政治中心和重要的抗日根据地，直到1945年4月高平解放前夕，各机构才下山经檀山、北杨、马游、瓦窑头等迂回县城内。至今，在圪台山还流传着歌谣《八路军下圪台》：

八路军下圪台，土匪不敢来。

八路军到上庄，敌堡加铁网。

八路军摸哨兵，日本扎西门。

八路军围了城，鬼子撒高平。

……

如今的模凹村已实施易地扶贫搬迁，入住镇上的新区。唯有纪念馆前的那株千年老槐树，虽历经沧桑却仍枝繁叶茂，像一位老者，在默默诉说着这一方红色热土的传奇故事。

崔建国故居揭牌仪式

人民功臣

崔建国故居

★ 崔建国故居：他是与黄继光、邱少云齐名的战斗英雄

·第三十七站

📍 地理位置：高平市寺庄镇伞盖村山底自然村（太行一号旅游公路高平段 5 千米处）

崔建国故居

崔建国故居俯瞰图

    2021年10月25日，高平市寺庄镇伞盖村山底自然村，修缮一新的崔建国故居对外开放。崔建国出生于1926年，20岁参军，22岁加入中国共产党。

    1951年，崔建国参加抗美援朝，历任志愿军排长、连长。在一次攻坚战役中，崔建国负责侦查敌前沿阵地，发现在山口通道处埋设有地雷群。危急时刻，他不顾个人安危，一口气挖掉敌人30枚地雷，打通了山口通道。随后，指挥部发起冲锋，将敌军顽守的高地夺了下来。这次战役崔建国立了头功，前线指挥部称他为"排雷大王"。

    在大水洞穿插战斗中，他带领战士连克4个地堡，夺取3个山头，全歼守敌一个排，为主力部队打开了前进通道。在堵截敌人时，连长牺牲，他代理连长指挥战斗。子弹打光了，

崔建国故居内院

他端起刺刀，跳出工事，与敌人展开了白刃战，一连捅倒 6 个敌人。这场惊天动地的肉搏战，吓得敌兵狼狈溃逃。两夜的战斗，他一人歼敌 20 多名，7 个敌人当场举手投降，还缴获化学炮 1 门，重机枪 1 挺，各种枪支 7 支。**崔建国荣立特等功，荣获一级英雄称号**。第一兵团授予该连"英勇顽强，突破敌阵的尖刀连"锦旗一面。金日成授予崔建国"中华男儿"光荣称号。

1951 年 9 月，崔建国被选为志愿军英雄代表，回国参加国庆观礼。10 月 17 日，他的事迹在《人民日报》刊发，后被改编成连环画广为流传。不久后，崔建国受到毛泽东主席、朱德总司令的亲切接见。

崔建国在解放战争和抗美援朝战争中共参加各类战斗近 50 次，立功受奖近 20 次。仅在抗美援朝中就荣立特等功 6 次，他的名字同黄继光、邱少云等英雄在中国革命军事博物馆题名，成为山西最著名的战斗英雄。

英雄虽去，但他保家卫国的精神将永远被家乡人民铭记。2021 年，高平市寺庄镇党委政府启动崔建国故居整体修缮和陈列布展工程，当年 10 月竣工。展陈内容主要包括抗美援朝的战斗历程、全国人民的抗美援朝运动和崔建国生平事迹等。2022 年 7 月，崔建国故居被命名为"晋城市中共党史教育基地"。

崔建国故居纪念馆展陈内容

八路军总部驻地旧址：
杜寨，一座村庄的历史回响

地理位置：高平市野川镇杜寨村（太行一号旅游公路高平段 15 千米处）

杜寨八路军总部驻地旧址

137

八路军总部后勤部杜寨村旧址（牛永泉院落）

　　在高平杜寨八路军总部旧址纪念馆，收藏着一幅十分罕见的侵华日军使用过的手绘军事作战图——《邯郸—长治县间道路侦察要图》，真实地记录了侵华日军先头部队苫米地旅团于1938年2月20日攻陷长治的历史罪证。作为八路军总部太行山南段驻地唯一的实景实物原址纪念馆，这里收藏了3000多件文物。它们承载着历史，更是那段烽火岁月最有力的见证者。

　　杜寨村居太行山南段晋东南抗日根据地腹地，地理位置显要，历来为军事要冲，是历史上著名的水城山寨。在艰苦的抗战岁月里，八路军总部几经转战，数次驻扎高平，为总部挺进太行山最惊险的一段立足点、历史转折点和重要战略支撑点，这其中就有杜寨。

纪念馆正面　　　　　　　　　　　　　　　纪念馆内景

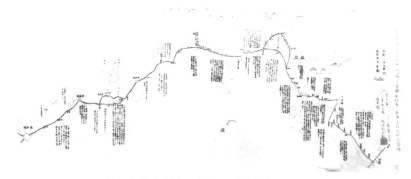

日军侵略华北邯郸—长治间道路侦查图

　　据村里的老人回忆，当时，八路军总部机关、直属队、随营学校等驻扎在杜寨期间，与当地村民结下了深厚的军民鱼水情。八路军战士经常帮助村民挑水、下地干活，村民也帮助战士缝补衣服、纳鞋垫，积极支持八路军抗击日军。

　　穿越历史的硝烟，八路军总部留下的印记已深深地融入杜寨村的每一个角落，老一辈无产阶级革命家住过的房屋，纪念馆内一件件承载着革命印记的物件，已然成为这个中国传统村落的独特标签，激励着一代又一代人在穿越时空的红色之旅中，聆听历史回响的感悟中踏上新的征程。

瓦窑头烈士纪念馆：
多年前，长平红色火种在这里点燃

📍 地理位置：高平市南城办事处瓦窑头村（太行一号旅游公路高平段 10 千米处）

高平市瓦窑头烈士纪念馆

瓦窑头烈士纪念馆展陈组图

　　瓦窑头，一个偏僻的小山村，1927 年 1 月，高平的第一个党组织就诞生在这里，创建者是袁致和。从此，革命的火种在长平大地熊熊燃起。

　　而这里的辉煌还远不止这些。在高平的革命历史上，这里还有了另外的两个第一：成立了高平第一个农民协会——瓦窑头农民协会，诞生了高平历史上第一个农村党支部。

　　作为高平革命早期发祥地，从 1926 年到 1949 年间，瓦窑头村先后涌现出革命先烈近百名，共产党员 60 多名，参军参战 40 多名，革命烈士 12 名，并产生了 10 多位党的高级干部。而在袁致和的带动和影响下，他的家人也都积极投入革命的洪流中，红色薪火，代代相传。

　　袁致和，又名袁希安，高平瓦窑头村人。1923 年考入省立四中，1926 年经周玉麟介绍入党，自此走上了"立志革命、不断进步"的红色道路。1926 年 12 月 8 日，袁致和受太原地委指派回到高平进行建党工作，并于 1927 年 2 月成立了中共高平特别支部（简称中共高平特支），成为全省最早建立的党组织之一。中共高平特支的成立，在近代高平革命历史上具有划时代的意义，从此，高平人民的革命斗争找到了正确的坐标和方向。

中共高平特支成立后，袁致和公开发动领导进步学生和农民群众开展革命运动，成立了农民协会，在高平掀起了"驱陈倒刘"革命运动。这年的农历三月初三，紧邻瓦窑头村的下玉井村迎来了一年一度的庙会，庙会上人头攒动，十分热闹。这正是向群众进行宣传的最好时机，袁致和登上高台，历数反动县长陈乃蓉、劣绅刘干臣的罪行和劣迹，并发动数百名农民群众进行游行示威。不久，陈乃蓉被撤销县长职务，刘干臣等劣绅的嚣张气焰也大大收敛。这次运动规模、声势空前浩大，有力地震慑了国民党反动统治。至此，共产主义信仰的追寻在晋城大地上不断发展壮大。

革命是艰难的。<u>袁致和始终坚持信仰，不畏艰险。</u>1927 年 4 月 12 日，蒋介石叛变革命，不久阎锡山在山西进行"清党"，大肆捕杀共产党人。1927 年 6 月 8 日，袁致和在山西大学被国民党抓捕。在狱中，他忠贞不屈，英勇斗争，秘密建立了狱中地下党支部，把监狱当学校，宣传马克思主义思想。1932 年被营救出狱，为保存党的力量，袁致和转入地下开展工作，他肩挑货郎担作掩护，走村串户，依靠群众，发动群众，和敌人进行斗争。中华人民共和国成立后，袁致和历任中国食品工会及重工业工会主席、中共山西省委工业交通工作部副部长等职。1971 年 10 月病逝。

袁致和塑像

建宁事件旧址：盐店里的激战

📍 地理位置：高平市建宁乡建南村（太行一号旅游公路高平段 2 千米处）

建南村古建筑

建南文庙

太行一号线在高平境内总长约 42.1 千米，其起点就位于建宁乡的建南村。

作为第五批中国传统村落，村内古迹众多，除第七批国保单位济渎庙外，文庙、千佛碑、积智寺以及众多宋元明清古建筑星罗棋布。现存有古寺庙院落、两层式四合大院及祠堂、碑碣和史前文化遗址。

建宁事件旧址位于建南村旧街 1 号，抗日战争时期，这里曾是高平县比较大的盐商店铺——建宁盐店。这是一座坐北朝南，一进院落的院子，占地面积 275.28 平方米。如今，前院、中院房屋保存比较完整，后院房屋部分已坍塌。*85 年前，就在这样一个不起眼的普通小院内，发生了震惊高平的"建宁事件"。*

1938 年 2 月底 3 月初，为了打击汉奸活动和筹集抗日经费，中共高平县工委决定派牺盟游击队以牺盟会

建宁事件旧址

名义没收汉奸裴保棠（山西长治县人）在陈区和建宁开设的盐店。工委指派工委委员申祖佑、李致远和牺盟游击队排长牛金海，带领牺盟游击队一个班，到建宁将盐店查封，把食盐全部拍卖给建宁及建宁附近村庄的广大贫苦群众。不料，在执行任务的第二天傍晚，自卫队总队长王揖带两个连队突然将建宁盐店包围，执行任务的牺盟游击队战士在毫无戒备的情况下被缴械，申祖佑、李致远被扣押。当天晚上，他们二人借口上厕所逃脱，赶到陈区向王静波汇报了情况。王静波当即指示牺盟游击队队长朱惠钧带队前去解救。这天深夜，朱惠钧带队夜袭建宁盐店成功，活捉了王揖，讨回了枪支，释放了被扣人员，并达成口头协议：县牺盟游击队在东半县，县自卫总队在西半县各搞各的抗日活动，不准互相打扰。此次事件史称"建宁事件"。

中共建宁县委、县政府旧址：明清商号里的红色印记

地理位置：高平市建宁乡建北村（太行一号旅游公路高平段2千米处）

建北村红色展陈馆

建北村

　　一方水土，养育一方百姓。

　　建宁乡位于高平东北部，西望长平，北靠长治，东接古陵，素有"鸡叫一声闻三县"之誉。据考证，在旧石器时代建宁就有人类居住，历史上不同时期曾设过府、县、镇和乡，是一个历史源远流长、文化底蕴深厚、乡风纯朴厚重的传统古镇。悠久的历史，也造就了建宁独特的农耕文化、建钉文化、军事文化和书院文化。建宁乡政府所在地的中心村建北、建南便是历史悠久的千年乡村聚落。

　　建北村，中国首批绿色村庄、中国第四批传统村落、山西省第五批历史文化名村，这些散落在村庄的众多文物古迹和明清民居，见证了这个北方村落的发展变迁，更见证了其辉煌的红色历史。

　　位于建北村旧街胡同 2 号的昌茂恒，是明清时期的著名商号，这座典型的北方大院民居便是抗日战争时期中共建宁县委、县政府旧址。如今，"荣庆有余"的匾额以及木刻雕花的门楣依然保存完好，步入院落，往事历历在目。

崇庆有馀

建宁县抗日民主政府旧址

1943年7月，为了开辟白晋路以东、陵高路以北地区的抗日工作，中共太岳二地委、二专署决定在高平、陵川、长子、长治四县交叉地区，建立中共建宁县委、县政府。办公地址就选在建北村昌茂恒。为分化瓦解敌人，建宁县委、县政府人员同五区干部一道，采取各种方法，对日伪编村人员开展思想工作，使许多日伪人员名为日本人办事，实际上暗地里为共产党出力。有的主动给抗日军政人员送粮食、送情报，有的动员本村青年参加抗日活动，为八路军安排住宿，保证安全。经过一段时间的艰苦工作，逐步建立了色头、东南沟、陈区、土堤、浩庄、石村、许家、黄叶河、郝庄、西坡、任家庄、赵家庄、青岗、范家山、

关头、窑沟等抗日游击村政权。这些游击村政权有一个共同的特点，那就是抗日村公所的干部坚强能干，群众基础好，消息灵通，比较安全。县、区干部能来、能走、能住，为在艰难环境中开辟建宁抗日根据地作了贡献。

　　1943年10月，仅存三个月的建宁县委、县政府完成了既定使命，奉命撤销，并入陵高县抗日民主政府。虽然建宁县抗日民主政府的历史非常短暂，但作为抗日战争的前沿阵地和革命哨所，同样为国家做出了很大贡献。

晋冀鲁豫军工十厂：
红色乡村的军工奇迹

地理位置：陵川县平城镇义汉村（太行一号旅游公路陵川段 7 千米处）

不忘初心 牢记使命

军工部十分厂旧址

展馆实物区　　　　　　　　　　　　　　　　　　　　展馆版面区

在太行山上，屹立着许多军工旧址，它们不仅承载着军事工业在太行山上发展的深厚革命历史，还铭记着我国军事工业从无到有、从小到大、由弱到强的历程。陵川县平城镇义汉村晋冀鲁豫军工十厂就是见证者之一。

1946年10月，国民党反动派重兵进攻焦作，新华公司（原焦作煤矿）奉命向太行山转移。在太行老区人民大力支持下，新华公司在陵川县平城镇组建了晋冀鲁豫军工十厂，主要生产八二迫击炮弹。

军工十厂创建时，条件十分艰苦。在没有专用军工机械设备、生产技术还不成熟的情况下，于1947年1月成功生产出第一发迫击炮弹。为了更好地支援全国解放战争，晋冀鲁豫军工处发动下辖的19所兵工厂开展了争创"刘伯承工厂"立功竞赛运动。其中，军工十厂在代厂长武万喜的领导下，对传统冶炼技术进行技术革新，创造了用砖炉冶炼灰生铁技术，大大提高了灰生铁的产量，确保了炮弹的原料供应。

为了保证安全生产，军工十厂采取十分严格的保密措施，领导干部以及特殊岗位的技术人员，都是用代号或者职位称呼。军工十厂的党组织也一直是个秘密，直到中华人民共和国成立后，才公开了党员身份。

就是在这样的条件下，军工十厂每月生产八二迫击炮弹4万余发，三年多时间共生产200余万发，先后在

军工十厂旧址一角

解放临汾、洪洞、焦作及淮海战役、渡江战役中发挥了重要作用，为前线部队提供了强有力的保障，为解放战争的胜利作出杰出贡献。

　　1949年下半年，解放战争取得决定性胜利。军工十分厂完成在陵川的使命，逐步开始向长治地区转移搬迁，分散到长治周边的兵工厂。1953年，长治周边各兵工厂经整合，形成淮海、惠丰、晨光（后迁南京）三大厂。在军工部门的不断调整中，军工十厂走出的军工干部和工人遍布全国，书写着中国军工生产新的历史篇章！

穿越历史风云，晋冀鲁豫军工十厂原厂房如今已建设成为太行兵工红色教育基地，和任义汉烈士纪念亭、八路军第二纵队指挥部旧址等红色遗址一起化身为历史的丰碑，见证着这片红色热土新的辉煌！

八路军第二纵队指挥部旧址

红色记忆

分布一览

城区

★ **晋城市城区中共党史教育馆**
钟家庄街道洞头村

★ **中国人民解放军长江支队纪念林**
晋城市区白马寺山森林公园南侧

★ **晋冀鲁豫野战军十二纵队整军地旧址**
北石店镇南石店村

★ **晋城市党史馆**
晋城市文博路 373 号三馆大厦档案馆 7 楼

★ **晋城市烈士陵园**
晋城市区南部和景小区 488 号

泽州

★ **中共晋东县委、晋东县抗日民主政府所在地**
金村镇柳泉村

★ **长江支队六大队一中队南下福建纪念碑**
高都镇西刘庄村

★ **泽州县党史党魂教育基地"红色三杰"纪念馆**
巴公镇山耳东村

★ **孔祥桢故居**
巴公镇北堆村

★ **八路军军鞋厂纪念馆**
巴公镇桥岭村

★ **朱德出太行红色教育基地**
山河镇青龛村

★ **长江支队水北纪念馆**
金村镇水北村

★ **周玉麟故居（周玉麟烈士纪念碑）**
巴公一村

★ **陈立志故居（陈立志烈士纪念碑）**
巴公镇山耳东村

★ **中共晋城中心县委旧址**
大阳镇西大阳村

★ **太行知青展览馆**
晋庙铺镇草底铺村

★ **中共晋沁县委、晋沁县抗日民主政府驻地**
山河镇西土河村

★ **乾棠烈士陵园**
南岭镇乾棠村

★ **土岭事件纪念馆**
南岭镇土岭村

★ **浪井民兵营**
南村镇浪井村

★ **东常村革命纪念馆**
南村镇东常村

高平

★ **崔建国故居**
寺庄镇伞盖村山底自然村

★ **釜山村追悼殉难烈士纪念碑**
寺庄镇釜山村

★ **贾村纪念殉难烈士碑**
寺庄镇贾村

★ **高良村纪念殉难烈士碑**
寺庄镇高良村

★ **抗日战争高平纪念馆**
野川镇圪台山模凹自然村

★ **八路军总部驻地旧址**
野川镇杜寨村

★ **晋冀鲁豫边区政府造纸厂永录旧址**
永录乡永录村

★ **八路军第一一五师三四四旅旅部北庄旧址**
三甲镇北庄村

★ **三甲烈士陵园**
三甲镇三甲南高团公路上

★ **瓦窑头烈士纪念馆**
南城办事处瓦窑头村

★ **八路军第一一五师三四四旅旅部旧址**
东城街道办事处段庄村、凤和社区

★ **凤和烈士陵园**
东城街街道办事处凤和社区

★ **中共高平县委浩庄石方庙旧址**
陈区镇浩庄村

★ **彭德怀副总司令在石村召开党政军干部会议遗址**
陈区镇石村

★ **彭德怀在高平住地旧址**
陈区镇铁炉村

★ **建宁事件旧址**
建宁乡建南村

★ **中共建宁县委、县政府旧址**
建宁乡建北村

阳城

★ **八路军太岳南进支队战斗遗址**
东冶镇独泉村

★ **枪杆会议及魏奉璋牺牲地遗址**
东冶镇独泉村

★ **阳城县抗日民主政府成立地旧址**
蟒河镇辉泉村

★ **中国工业合作协会晋东南事务所上凹院旧址**
蟒河镇桑林树皮沟

★ **孙文龙纪念馆**
河北镇孤堆底村

★ **杨尚昆及中共晋豫特委活动地旧址**
河北镇下交村

★ **中共阳城县委重新组建地旧址**
河北镇坪泉村

★ **阳南抗日县政府旧址**
河北镇暖迪村

★ **晋豫边抗日纪念馆**
横河镇横河村

★ **中共晋豫特委活动地旧址**
董封乡柴李疙瘩村

★ **次滩兵站**
董封乡次滩村

★ **中条区高级军政干部会议旧址**
董封乡上河村

陵川

★ **华北军政干部学校旧址**
平城镇北街玉皇庙

★ **中共太南特委旧址**
平城镇东街村

★ **朱德在陵川驻地旧址**
平城镇南坡村

★ **晋冀鲁豫军工十厂旧址**
平城镇义汉村

★ **太行第一山国有林场**
六泉乡赵辿岭村

★ **抗战名曲《在太行山上》诞生地**
六泉乡、古郊乡

★ 《赤叶河》歌剧诞生地

六泉乡赤叶河村

★ 陵川号兵培训地

全县各区，主要有附城镇、古郊乡、夺火乡、崇文镇等

★ 太行八专署机关驻地旧址

夺火乡鱼池村

★ 中共陵川县第一次党代会会址

潞城镇天池村

★ 锡崖沟挂壁公路

古郊乡锡崖沟村

沁水

★ 中国抗日军政大学太岳分校

土沃乡南阳村

★ 东坞岭抗日纪念碑

龙港镇西河村

★ 沁水县烈士陵园

龙港镇龙岗山

★ 上党战役最后一战"桃川战斗"遗址

苏庄乡苏庄村

★ 太岳党委军区驻郎壁旧址纪念馆

郑庄镇郎壁村

★ 太岳二专区党政军机构旧址

固县、端氏

★ 海江烈士纪念亭

柿庄镇海江村

★ 红色革命纪念亭

中村镇松峪村

★ 沁水党史馆

龙港镇龙港公园

★ 赵寨烈士陵园

樊村河乡赵寨村

★ 《新华日报》（太岳版）报社旧址

郑庄镇石室村

★ 朱德路居地旧址

端氏镇古堆村

★ 赵树理故居

嘉峰镇尉迟村

★ 柿庄烈士陵园

柿庄镇柿庄村

红色记忆

图书在版编目（CIP）数据

带您走进太行一号旅游公路系列丛书 . 第一辑 / 中共晋城市委党史研究室（晋城市地方志研究室）编 .

太原：山西人民出版社，2024. 11. -- ISBN 978-7-203-13656-9

Ⅰ . K928.925.3

中国国家版本馆 CIP 数据核字第 202452384L 号

带您走进太行一号旅游公路系列丛书　第一辑　红色记忆

编　　　者：中共晋城市委党史研究室（晋城市地方志研究室）
责任编辑：魏美荣　王鹏程
复　　审：崔人杰
终　　审：梁晋华
装帧设计：沈　楠

出 版 者：山西出版传媒集团　山西人民出版社
地　　址：太原市建设南路 21 号
邮　　编：030012
发行营销：0351 - 4922220　4955996　4956039　4922127（传真）
天猫官网：https://sxrmcbs.tmall.com　电话：0351 - 4922159
E - mail：sxskcb@163.com 发行部
　　　　　sxskcb@126.com 总编室
网　　址：www.sxskcb.com

经 销 者：山西出版传媒集团　山西人民出版社
承 印 厂：晋城市太行报业印务有限公司

开　　本：889mm×1194mm　　1/24
印　　张：22
字　　数：770 千字
版　　次：2024 年 11 月　第 1 版
印　　次：2024 年 11 月　第 1 次印刷
书　　号：ISBN 978-7-203-13656-9
定　　价：298.00 元（全三册）

如有印装质量问题请与本社联系调换

带您走进太行一号旅游公路系列丛书

第一辑

国保古建

GUOBAO GUJIAN

带您走进太行一号
旅游公路系列丛书
第一辑

国 保 古 建

中共晋城市委党史研究室（晋城市地方志研究室） 编

山西出版传媒集团
山西人民出版社

高平开化寺

湘峪古堡

大阳汤帝庙

柳氏民居

海会寺

皇城相府

怀覃会馆

羊头山石窟

寺润三教堂

崇安寺

玉皇庙

寺

太行一号旅游公路
「国保古建」手绘

　　晋城市太行一号旅游公路全长 736 千米，包括主线路网 582 千米，支线路网 154 千米。其中，连通沁河古堡环线路网 50 千米，提升"百村百院"连接线 150 千米，串联旅游景区快速直达线 50 千米，内引外联、环环相扣，连接我市 33 个 A 级旅游景点，70 余个非 A 级景区；通达 15 个特色旅游小镇、100 个"百村百院"项目和 16 个明清古堡群；覆盖了 38 个乡镇 231 个行政村 12 个社区 23 万农村人口，串联起全市 90% 的脱贫地区、90% 的景区景点、90% 的特色农产品产区，是贯穿全市的旅游大动脉。在晋城大地上，自然山水雄伟壮丽、古堡群落大气恢宏、古建瑰宝古朴厚重，五千年浩瀚文明在这里熠熠生辉，到处是华彩重生的传奇。

前

QIANYAN

言

　　太行巍巍，洎水湍湍。晋城，这片神奇壮美的山河，孕育并留存着让人叹为观止的历史文化财富。

　　走近太行一号旅游公路，就走近了一幅沧桑而又雄浑、古朴却又清新的迤逦画卷。那一处处古建、一方方山水，宛如一粒粒镶嵌在太行山上的明珠，在日月的辉映下闪耀着灼灼光华。

　　这里有汉唐式高台建筑、巧夺天工的宋代天宫楼阁；这里有举世无双的二十八星宿彩塑、存世最早的古戏台；这里有深藏大山里的佛教瑰宝、与少林寺齐名的隋唐佛都；这里有最丰富完整的明清古堡群落。青莲寺、开化寺、府城玉皇庙……让人们在千年以后仍能体味到曾经的唐风宋华。

　　晋城文物不仅数量多、种类全、历史久、品位高，而且博大精深、光华万千，在全省乃至全国都有着重要地位。晋城现有"国保"单位72处，作为文物大市，现存寺院、道观、古堡、戏台等为数众多的古建筑，从宋金跨越到元明清民国时期，不仅数量大，且保护完整，尤其是现存宋金以前木结构古建筑，约占全国同时期的1/3。

　　太行一号旅游公路全线贯通后，极大地方便了人们沿线观光，了解晋城市文物遗存。本书收录了晋城市太行一号旅游公路沿线39处国家级重点文物保护单位的资料，用图文并茂的形式，集中展示了晋城市太行一号旅游公路沿线珍贵的文物瑰宝。这些丰富的文物遗存，展现出历史前进的脉络，凝结了晋城精神的筋骨，彰显了晋城文化的品位。

目

MULU

录

国保古建

陵川

lingchuan

GUOBAO GUJIAN

南北吉祥寺：
一南一北相映争辉

📍 地理位置：陵川县礼义镇平川村、西街村（太行一号旅游公路陵川段 10 千米处）

北吉祥寺

在晋城市陵川县境内，县城西 16 千米处有一个以文物古迹多而出名的礼义镇，号称"中国文物第一镇"，南、北两座用于避凶趋吉、祈求吉祥嘉庆的吉祥寺就在其内。

　　南、北吉祥寺一个在礼义镇平川村，一个在礼义镇西街村，相距约 2 千米，1996 年均被列为第四批全国重点文物保护单位，是陵川最早的国保单位。

　　据寺内存碑记载，南吉祥寺始建于唐贞观年间（627—649），北吉祥寺始建于唐大历八年（773）。元以后，历代对两寺各有不同程度的修缮，现存两寺反映了宋至清不同时期地方建筑形制和技法的演变。

划时代之斜拱——南吉祥寺

南吉祥寺以其独特的建筑风格，进入中国古代建筑排行榜。

南吉祥寺位于平川村，平川村从字面意思看，位于平川之地，其实是一个三面环丘陵的小盆地。南吉祥寺就处于村子中心偏东的位置，气势恢宏，古意盎然。

古寺坐北朝南，由前后二进院组成，中轴线上的建筑有山门、中殿、后殿，东西两侧有配殿、禅房、夹楼，以及钟鼓楼等建筑。寺内现存最早的建筑是从宋代保存至今的中殿，其余皆为后世所建。

大殿面阔、进深皆为三间，单檐九脊顶，柱头用阑额、普柏枋，柱头施五铺作斗拱，单抄单下昂，偷心造，耍头为昂形。该建筑中殿所用的斜拱，可以说是一个划时代的创举。从时间上来说，它比目前建筑界公认最早

南吉祥寺

的河北正定隆兴寺摩尼殿斜拱还要早 20 年，即便把小木作实例，大同薄迦教藏殿内的天宫壁藏也算在内，它的使用时间也要早上近 10 年。从这个角度来讲，南吉祥寺中殿斜拱的应用就是一个中国之最。

南吉祥寺中殿的斜拱共有两种，明间和次间各不相同，这或许正是工匠们在建造时的兴趣所致。

南吉祥寺中殿的梁架也比较特殊，它不是普通的六架椽屋四椽栿对乳栿的构架，而是直接用了六椽栿，用来托举下平槫的不是驼峰、搭牵，而是六椽栿上又附了一根比六椽栿还要粗壮的梁栿，梁栿的两头放在柱头斗拱上，下平槫就放在这一梁栿上所设置的一个小小的驼峰上。

南吉祥寺中殿虽然后世有过修缮，但主要构架并没有大的变动，梁、柱、半拱都是宋代的原物，尤其是柱头斗拱，形制、做法和晋城其他历史纪年明确、结构完整的宋代建筑如出一辙，是一处极具代表性的宋代建筑。如果说这是一种时代特征的话，在没有发现相同类型，且比它时间更早的建筑实例之前，它就可以被称为划时代的建筑。

宋元明清遗构——北吉祥寺

北吉祥寺位于陵川县城西 15 千米的礼义镇西街村，是一处保存基本完好且颇具地方风格的古建遗构。

该寺坐北朝南，东西宽 30 米，南北长 81.5 米，占地面积 2445 平方米。前殿、中殿均为宋代遗构，尤其是中殿，单檐悬山顶，梁架简洁，建筑式样古朴，保留了更多的北宋风格。后殿为明代建筑。寺内还存有北宋太平兴国三年（978）至明、清时期碑刻多块。

前殿面阔三间，进深六椽，单檐九脊歇山顶，上铺灰色筒瓦，琉璃剪边，殿顶举折平缓，出檐深远。殿顶三彩琉璃吻兽，并留有清咸丰九年（1859）烧造题记。全殿由外及内都透着豪华大气。中殿前檐为木柱棱状造型，斗拱硕大而简洁，颇具早期建筑之遗风。在前殿、中殿两侧分别筑有对称的披门和圆光门。后殿面阔五间，进深六椽，单檐悬山顶，前廊一步架。在殿的两侧有对称的左右翼楼，其东西的配殿、廊房，均为明清时期遗存下来的建筑。

崔府君庙：
汉唐式高台建筑

📍 地理位置：陵川县礼义镇北街村（太行一号旅游公路陵川段 7 千米处）

在晋东南地区，除"真泽二仙"外，唐代曾任山西长子、河北滏阳县令的崔珏，因传说有降龙伏虎的本领，被尊称为"崔府君"。为永远铭记其功德，两地民众修建众多"崔府君庙"，使之成为赫赫有名的"地方神"。

在距离陵川县城西北 16 千米处的礼义镇，因境内拥有崔府君庙、南吉祥寺、北吉祥寺和龙岩寺四座"国保"单位及众多民居古建，向有美誉。崔府君庙是全镇古建筑中保存最完整的庙宇，为国内现存极为罕见的汉唐高台式建筑实例，2001 年被国务院公布为第五批全国重点文物保护单位。

在礼义镇北街村东北隅一高达 3 米的平台之上，山门高大的崔府君庙坐北朝南，顺势而建。远远望去，庙宇东、南、西三面青山环绕，筑于高台之上的山门高居庙宇正中，在山门前方形成一个约百平方米的凸出平台。平台用条石砌筑，南侧和东西两侧壁上嵌有砂石质九龙石雕。东西两侧石阶对称而上，整个庙宇建筑风格古朴典雅，结构简练疏朗。

扳门　　006

007

献殿

  庙宇为二进院落，规制完整，占地面积约 4000 平方米。该庙始建于唐，据民国13 年（1924）的《重修府君庙碑记》记载，金大定二十四年（1184）重修，明洪武二年（1369）、清末及民国 22 年（1933）均有修葺。在山门两侧的墙壁上，还镶嵌着两通清乾隆年间的墙碑。

照壁　　　　　　　　　　过廊　　　　　　　　　　　山门

　　山门、戏台、拜亭、正殿依中轴线而上。东西两侧对称分布着掖门、配殿、垛殿。东西掖门两侧，各立两个青石狮把守，而门楣上的木雕，精雕细刻，精美绝伦。掖门两侧的照壁之上，鲜艳的琉璃麒麟，相互对视。现存建筑中，山门最为古老，为金代遗物，其他建筑均为明清两朝修建。

　　山门为一座两层重檐歇山顶建筑，也是整座崔府君庙中最为独特的建筑。与其他一般庙宇山门不同，其一层面阔三间，进深六椽，灰色筒瓦铺作，正脊垂脊则用明代琉璃装饰。这些琉璃装饰质地细腻、色彩鲜艳、造型生动。山门的二层支出平座勾栏，平座下为双杪五铺作斗拱，屋顶斗拱为单下昂。青石门框上有龙、祥云及花草等图案。尽管门框上的线雕非常清晰，但用手抚摸，只有光滑流畅之感，无一丝线雕后产生的凸凹痕迹。青石门框为宋金时期的原构，能保存到现在实属不易。

　　正殿名为府君殿，供奉的神像却是玉皇大帝。庙为崔珏而修，庙内却无其神像，这个谜团令许多文物专家百思不得其解。2006年，国家投资对山西南部地区宋金时期文物修缮工程启动，在对崔府君庙进行修缮时，专门为崔珏塑像，并将其供奉在山门外西侧的厢房内。

寺润三教堂:
罕见的金代乡村宗教建筑遗存

📍 地理位置：陵川县杨村镇寺润村（太行一号旅游公路陵川段 2 千米处）

寺润三教堂侧面

"村村皆有庙，无庙不成村。"三教堂是乡村常见的庙宇，众多的庙宇中，作为儒释道三教和合文化的载体，它以圣像合一、祀孔子于佛寺道观的形式在村庄呈现。寺润三教堂更因建造年代久远，建筑外形独特，成为三教堂中的"稀世珍宝"。2006 年 5 月，寺润三教堂被列入第六批全国重点文物保护单位。

　　寺润三教堂位于陵川县杨村镇寺润村东边，距县城 20 千米，坐北朝南，无墙无院。其东西长 13.5 米，南北长 11.9 米，占地面积 161 平方米。其创建年代不可稽考，在同类遗存中，是罕见的现存金代建筑，具有很高的历史价值和研究价值。

　　三教堂为单体建筑，建于高 1.4 米的石砌台基上，石台前刻有"重修石台袁世节施

寺润三教堂背面

舍石窝"题记，无年号留存。其平面形制为正方形，规模较小，面阔进深各三间，进深六椽。屋顶形制为二层檐歇山顶，二层出飞，下层出廊，廊角外侧施三根石质方形檐柱，内侧施一根石质方形内柱，共计使用 16 根石柱。斗拱用材较大，四铺作单下昂，琴面式真昂，上层转角斗拱后转二跳杪头上 45 度斜置抹角梁，由昂后尾架于其上，再承采步金及金檩荷载补间铺作一朵，耍头后尾成镏金式挑承金檩。灰色筒板布瓦铺制屋顶，四角柱侧脚明显，角柱下均为方形石承托，结构典雅精美。

据村内居民讲，大殿建在方台之上，意为天圆地方，普天之下皆以三教为尊。大殿其实为四角各有四根石柱撑起的亭子，亭的特点是四面开敞，寓意为"空即是色"，在四个内柱中修建大殿，又寓意为"色即是空"。大殿的十六根石柱皆没柱础，平地而起，寓意为弘毅三教的基础在广大的民众。建筑中十六根石柱和各构件的连接和支撑全部用榫头和榫眼完成，寓意为天下万物的仁爱和谐才最稳固。

三教堂建筑在晋东南地区有很多，但这样颇具匠心，寓意繁多的建筑却少之又少，所以寺润三教堂成为国家重点文物保护单位当之无愧。

南召文庙：
太行第一文庙

📍 地理位置：陵川县平城镇南召村（太行一号旅游公路陵川段 2 千米处）

南召文庙全景

精美的木雕

　　如果把建筑比作有灵魂的作品，那么作品必定反映出丰富的思想文化内涵。南召文庙就是一件有灵魂的作品，设计及布局皆体现出建造者的深邃用意。

　　南召文庙位于陵川县城东北9.5千米处的平城镇南召村中。这是一座与众不同的文庙，建构华美，气度非凡，是太行地区建筑年代较早、规模较大、保存完整的村级文庙，号称"太行第一文庙"。2013年3月，南召文庙被列为第七批全国重点文物保护单位。

　　南召文庙雄踞于村北高台之上，一进院落，坐北朝南，俯视全村。该庙创建年代不详，据庙内存碑记载，明洪武二十二年（1389）、清道光四年（1824）重修，2014—2016年全面维修。现存正殿为元代遗构，其余建筑为明清风格。

　　庙前建一平台，东西两边是两面影壁兼围墙，东影壁刻"鹿鸣呈祥"，西影壁雕"麟吐玉书"，与孔子出生、文人致仕有关。平台南边是花墙，寓意万仞宫墙。平台正中开一缺口，修九级石阶，石阶与地面连接处又置小型平台，小型平台左右各设五级石阶。

　　迎面便是文庙山门，与棂星门融为一体，由正门与东西两扇偏门组成。正门匾额"德配天地"，语出明代陈凤梧《孔子赞》，指孔圣的德行与天地齐同；东偏门匾额"登圣域"，西偏门匾额"启贤关"，喻拜谒者由此进入圣殿，开启智慧。

　　正门檐楼雀替为"凤龙拱替"木雕，凤在上，龙在下；下有额垫板雕"凤穿牡丹"，翩翩起舞；上有额垫板雕"男

正殿

女裸婴"，女左男右，女占上首，男婴居下；在额垫板之间斗拱装饰两凤两龙，两凤并列在内，两龙分列在外。

步入庙内，继续前行，又一平台横亘眼前，称月台或丹墀，高出庙内地面。文庙主殿大成殿在月台后面更高的平台上。月台下方正中铺五级石阶，连通地面；上方正中设五级石阶，通往主殿。月台外侧东西各置九级石阶。参观者入大成殿，可由月台两边的九级石阶上，也可沿月台下的五级石阶先上月台，再沿月台上的五级石阶登上大成殿。

文庙大院，四四方方，建置规整。北向主殿大成殿面阔五间，加上东西各两间耳房，明五间暗九间；南向倒坐戏台三间，两边各三间配楼，又组成九间；东向西向各五间看楼，舒展有序。

倒坐戏台正中上方雀替"凤捧炉鼎龙在外"煞是醒目，两凤居中，两龙在外，特色鲜明。戏台两边雀替、牛腿雕四个戏剧故事场景"铁弓缘""打渔杀家""武松打虎""秦琼卖马"，其一致主题是歌颂落难英雄，志在东山再起。戏台屋脊雕刻朝向庙外的是凤舞的形象。

2015年维修大成殿时，在后墙中发现一批具有唐代衣冠特点的木雕，最大一尊女像疑为武则天，经与武则天传世画像比对，高度相似。因此当地有一传说：唐代女皇武则天失势后，武氏后人的一支逃难于此，定居南召，倡导并修建了文庙。

（王潞军）

龙岩寺:
金代建筑典范 斗拱脊饰精美

📍 地理位置：陵川县礼义镇梁泉村（太行一号旅游公路陵川段 12 千米处）

龙岩寺全景

中佛殿

　　梁泉村位于陵川县城西 10 千米处，是一座山区丘陵上的村庄，因地处山梁上，地下泉水丰沛，故得名梁泉。村内古建众多，龙岩寺就位于梁泉村西。

　　龙岩寺原名龙泉寺，依坡就势而建，创建于唐总章二年（669），金天会七年（1129）重修过殿，并奉敕将原寺名改为龙岩寺。2001 年 6 月，龙岩寺被列为第五批全国重点文物保护单位。

　　寺院坐北朝南，有前后两院，南北长 55 米，东西宽 33 米，占地面积约 1800平方米。寺内现存主要建筑有：山门、中殿、一进院东西廊房、一进院东西配楼、二进院东西厢房、二进院西门廊、后殿及其东西耳殿等。

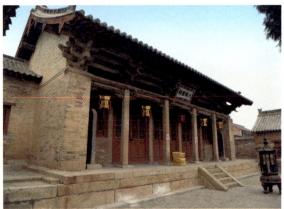

龙岩寺一角   后殿

中殿位于寺院中部位置，面阔三间、进深六椽，明间前后开门，前檐次间开窗，四面砌砖墙，仍可见角柱有升起和侧角。单檐歇山顶，筒瓦屋面，琉璃屋脊。台基两侧为两层东西配楼。殿内现存有明万历二十四年（1595）《重修中央殿记》碑、清乾隆三十年（1765）《龙岩寺檀越碑记》碑各一通。中殿斗拱硕大，出檐深远，共计有斗拱二十朵，采用六种铺作方式，具有典型的北方宋金时期风格。

正殿在后院，面阔五间，进深六椽，平面长方形，单檐悬山顶。正殿和寺内其他建筑为明代修建。两山墙内壁有壁画，外镶有金大定三年（1163）《龙岩寺记》石碑一通。

下院的过殿建在五层砌筑的青石台基上，面阔进深各三间，单檐歇山式屋顶，铺以灰色筒板瓦，屋脊为陶灰色飞龙装饰，两边龙吻对峙，过殿前檐用四柱顶撑，柱头有卷刹，施补间斗拱，昂为琴面式，斗拱用材硕大，是典型的金代建筑手法。

上院建于七层高的青石台基上，拾级而上，其正北为后殿，面阔五间，进深六椽，殿檐由四石柱支撑，檐下设殿廊。屋顶为单檐悬山式，斗拱为五铺作。大殿两侧各有配殿三间，为元、明时期的建筑风格。后殿两侧存有两通完好的碑碣，一是金大定三年（1163），由陵川县平城人贞元年间进士赵安石撰写的《龙岩寺记》；一是金大定二十五年（1185），由当地乡贡常谦撰写的《新建龙岩寺法堂记》。这两通碑真实地记录了该寺的创建过程和历史。

精美木结构

崇安寺：
山门最美的寺庙

📍 地理位置：陵川县崇文镇城西社区（太行一号旅游公路陵川段6千米处）

飞檐斗拱

凡是到过陵川县城的人，都会被陵川城内宏大的崇安寺所折服。只要你和陵川的老人们聊一聊，他们必定会告诉你一个先有崇安，后有陵川的故事。

崇安寺位于陵川县崇安西街卧龙岗的高地上，门前有三重用望柱栏板围合起来的石砌平台，高高的台基挺举着一片红墙碧瓦的建筑。古陵楼、钟鼓楼、东西掖门雄踞其上。五座建筑组合而成的崇安寺山门区，正面对着大街，主次分明，错落有致。登楼远眺，整个县城尽收眼底。临街仰望，古陵楼宏伟高大，宛似琼楼玉宇。2006年，崇安寺被国务院公布为第六批全国重点文物保护单位。

崇安寺创始年代已无从稽考，初称福庆院、凌烟寺，唐初叫"丈八佛寺"，在北宋太平兴国三年（978）被敕额为"崇安寺"，并一直沿用至今。

山门

插花楼　　　　　　　　　　　木构件　　　　　　　　　明代建筑过殿

　　崇安寺坐北朝南，沿中轴线由南向北，分布着古陵楼、中大殿、后大殿、石佛龛等建筑，东西两厢，后院有配殿各七间，前院有廊房各十一间。前后院之间，配殿之外，东西各有楼阁式建筑一座，俗称插花楼，取状元簪花之意。山门两侧则是钟鼓楼。

　　崇安寺现存的建筑大多为明清之物，最早的建筑构件为古陵楼上的石制门框，上有北宋"嘉祐辛丑六月三日"的题记。其次就要算西插花楼了，这是一座坐西朝东，面阔三间，进深三间，出平座，三滴水，重檐歇山式屋顶的两层楼阁式建筑。

　　崇安寺的中大殿，亦称过殿，建筑在一个高约1.3米的高台上，面阔五间，进深六椽，单檐歇山顶，黄绿琉璃剪边，抬梁式构架，檐下斗拱五踩双翘。现存建筑为明代风格，斗拱的形制像清代的做法。

　　大雄宝殿即后大殿，面阔五间，进深八椽，悬山式五脊顶，琉璃剪边。大雄宝殿后面的石佛殿，现仍存隋唐时期的一佛二弟子二菩萨石刻，侧面印证了陵川自隋开皇十六年（596）置县的悠久历史，当地人给以"先有崇安，后有陵川"的赞誉。

　　崇安寺在古代为陵川县十大寺之首，其山门被称为"最美山门"，是整个崇安寺的亮点，自古以来就是陵川的标志性建筑。古陵楼即崇安寺山门，楼上的明间宋嘉祐年间石制门框上有北宋"嘉祐辛丑六月三日"的题记。

石狮

佛像雕刻

侧檐斗拱

屋顶木构件

崇安寺一角

崇安寺全景

　　古陵楼为明代建筑，面阔五间，进深三间六椽，是一座带围廊、出平座的两层三滴水重檐歇山式建筑，在晋城众多的古建筑中也是一座规格较高的古建筑。古陵楼建筑在一个高 0.72 米的石砌台基上，周边加有围廊。古陵楼的比例、造型十分完美，在明、清建筑中堪称上品，古陵楼所用琉璃色泽鲜艳明丽，纹饰造型生动，再加上两侧钟鼓楼的陪衬，堪称完美的组合，增加了崇安寺的魅力。

　　古陵楼两侧为钟、鼓二楼，清代建筑，面阔进深均三间，重檐歇山式顶。在古陵楼东侧的钟楼里，至今尚保存着一口千年铁钟，钟高 1.98 米，口径 1.64 米，上面铸有文字与方格纹，铸造时间为宋崇宁元年（1102），也是崇安寺内的一件传世之宝。

（张广善）

中殿斗拱

西溪二仙庙：
藏有金代最美梳妆楼

📍 地理位置：陵川县崇文镇岭常村（太行一号旅游公路陵川段 8 千米处）

西梳妆楼

在晋东南地区，一直有因孝道成仙的"真泽二仙"传说，二仙庙随之星罗棋布。岁月流逝，二仙庙不复当年之盛，但晋城境内现存的二仙庙仍为数不少，仅陵川县就有小会岭、西溪和南神头三座。其中，立庙至少有千年的西溪二仙庙，是晋城乃至晋东南地区创建年代较早、规模较大、建筑较精美的一座。

西溪二仙庙又称真泽宫，位于陵川县城西3千米处，崇文镇岭常村西庙头自然村，是古陵八景之"西溪春色"的重要组成部分。据庙内现存碑碣记载，二仙庙创建于唐乾元年间（758—759），北宋崇宁年间（1102—1106）加封"真泽宫"，金皇统二年（1142）扩建，后历代皆有修葺。现存建筑后殿、东西梳妆楼为金代遗构，余皆明清所建。2001年6月，西溪二仙庙被公布为第五批全国重点文物保护单位。

檐角脊饰

神龛装饰

古庙坐北朝南，二进院落，选址于一处山坳之中，南北长70米，东西宽43米，占地面积3010平方米。中轴线上依次建有山门、献殿、前殿、后殿，前院东西两侧设廊，后院东西两侧建梳妆楼及配殿，后殿两侧各置耳房三间。

山门建于清康熙年间（1662—1722），面宽三间，进深四椽，前后通廊，悬山顶，上建戏楼三间。前殿面阔三间，进深六椽，单檐歇山顶。檐下斗拱无补间铺作，柱头双杪五铺作计心出斜拱。大殿内有清代二仙神龛也是小木作的佳品。殿前设献殿，为清代建筑，献殿面宽三间，进深四椽，单檐歇山式屋顶。中殿保留了元代木构，面阔三间，进深六椽，单檐歇山顶，斗拱五踩双翘。殿前设拜亭，面阔三间，进深二间，单檐卷棚顶。后殿建于高0.89米的高台之上，面阔三间，进深六椽，前檐设廊，单檐歇山顶。筒板瓦屋顶，上有琉璃脊兽、吻饰等。

东西梳妆楼是二仙庙中最具代表性的建筑物，也是具有宋金风格的最精美的梳妆楼，建于后殿与前殿之间的东西两侧。均为两层三檐歇山顶楼阁式建筑。东梳妆楼面阔三间，进深三间，副阶周匝，平面呈方形。上下两层皆有回廊，上层廊下置有平座，于檐柱间设勾栏，并使用叉柱造手法，结构独特，具有早期建筑的特征。檐下斗拱为双下昂四铺作，形制与后殿差不多。西楼虽经民国年间重修，但形制没变，仍保留着金代阁楼的风格。

西溪二仙庙的另外"一绝"，就是庙宇内尚存有金、元、明、清石碑题刻二十多通。由于西溪风景迷人，历代文人墨客曾在此写下许多千古佳作。金代文豪元好问少时曾居陵川，对西溪感情深厚。1253年，他在《题张彦宝陵川西溪图》中赞颂这一方清凉世界为"松林萧萧映灵宇，烁石流金不知暑。太平散人江表来，自讶清凉造仙府。不到西溪四十年，溪光机影想依然。"如今，古寺中前殿台基后墙上，还立有"元好问诗碑简介"的牌子，记载了元好问的"期岁之间一再来，青山无恙画屏开。出门依旧黄尘道，啼杀金衣唤不回"这首七言绝句及相关的由来。

▶ 石碑题刻

木构架

西溪二仙庙全景

石掌玉皇庙：
精美抱厦雕刻为古庙添彩

地理位置：陵川县潞城镇石掌村（太行一号旅游公路陵川段 12 千米处）

玉皇庙正殿

石掌玉皇庙全景

石掌玉皇庙位于陵川县潞城镇石掌村，距县城 10 千米。该建筑创建年代不详，正殿为金代遗构，余皆明清所建。据庙内石碑所载，明万历十一年（1583）重修；清咸丰四年（1854）重修殿宇，增修下院东西配房并创建舞楼，至清同治十一年（1872）工程全面竣工；民国6 年（1917）又进行了维修；1990 年，石掌村民自筹资金全面修缮。2006 年 5月，该庙被列为第六批全国重点文物保护单位。

石掌玉皇庙坐北朝南，一进院落，并依地势分三层逐步抬升。该庙总体布局归纳起来可看作是"一线、两行、三层、东西对称"。"一线"指南北中轴线一条，由南而北为山门、正殿。"两行"即与中轴线十字交叉，东西一字排列的称为行。庙院南端为第一行，山门居中，两侧各建耳楼四间；庙院北端为第二行，正殿居中，两侧建耳殿各四间。"三层"是指山门与正殿间依地势逐渐上升分为三层院落，山门、东西看楼围成第一层院落，东西廊房围成第二层院落，正殿、东西耳殿、东西配房围成第三层院落，每层院落间有台阶相连。"东西对称"是说中轴线东西两侧的建筑除部分略有不同外，总体规模、样式基本相同，属

国保标志碑

于一座中规中矩的太行古庙。

山门为传统的通过式倒座戏楼，清代建，门面抱厦为民国初年增加。在两层石阶之上，山门正中前出三开间，进深一椽歇山顶的抱厦，非常精美，抱厦檐下木雕复杂，做工精巧。斗拱布满了雕饰彩绘，阑额由额雀替上均为镂空雕刻。山门背后是倒座戏楼，柱头檐下也都布满了木雕。这座漂亮的抱厦为山门提高了档次，也为庙院增添了光彩。

正殿为金代遗构，建在高 1.2 米的石砌台基上，面阔三间，进深六椽，单檐歇山顶，灰色筒板瓦布顶。出前廊，明间辟板门，次间置直棂窗。前檐为四根抹角石柱，檐柱侧角明显。柱头安装普柏枋，并四角出头。前檐阑额部分均做成雕花月梁形制，斗拱耍头及阑额雕刻复杂，像是在后世做过较大修改。泥道影拱为一拱托两枋。

正殿斗拱，均为四铺作，柱头和补间每间各一朵，令拱抹斜上承替木托撩檐槫。斗拱硕大雄壮，耍头用真昂，但把昂头改成了龙头状，雕刻细腻，设计巧妙，应该是后代修葺改造的结果。正殿内部梁架前半部饱满，加工细致，结构为四椽栿对前乳栿通梁用三柱，乳栿下为前廊。梁栿上可见已脱落的彩画，彩画古朴依旧。

南神头二仙庙:
罕见的"二仙故事"壁画

📍 地理位置: 陵川县潞城镇石圪峦村(太行一号旅游公路陵川段 10 千米处)

二仙故事壁画

"二仙"信仰是晋东南地区独有的地方性信仰，在当地有着广泛而持久的信众基础。岁月无情，原来为数众多的二仙庙，如今在晋城境内存有古代壁画的仅剩陵川县南神头二仙庙等数座。

　　南神头二仙庙位于陵川县潞城镇石圪峦村东1千米的山坡下，选址于山林之间，巍巍青山掩映着古朴厚重的静幽古刹，可谓"山路十八弯，方得瞻古庙"。该庙规模不大，面山而建，建筑年代已无从稽考。现存正殿、东西朵殿和东西配殿，与正殿相对的戏台已经毁掉，仅存台基。庙外还有三圣祠等数座建筑。

南神头二仙庙全景

据庙内现存碑载，清顺治四年（1647）修复正殿、左右耳房、山门和戏楼等，清康熙十七年（1678）维修工程全部完毕，清道光二年（1822）修缮正殿。正殿根据现存建筑特征判断为金代遗构，其余建筑为明清风格。2006年5月被列为第六批全国重点文物保护单位。

从布局看，南神头二仙庙坐北朝南，一进院落，占地面积1000平方米，中轴线前为山门，中华人民共和国成立初期已毁，现仅存遗址，院两侧各有廊房五间，均为清代遗存。正殿石砌台基，面阔三间，进深六椽，平面形制为长方形，屋顶形制为九脊单檐歇山顶，灰色筒板瓦铺制屋顶，正脊为瓦条脊，次间墙体用宋砖砌成。正殿位于中轴线后，前檐通用四柱，柱头卷刹较缓，并有补间斗拱，斗拱用材硕大，柱头、补间铺作均为单杪单昂五铺作、昂形耍头，前者用真昂，后者用假昂。前檐当心间施板门，两次间置直棂窗。殿内梁架结构，为四椽栿压前乳栿用三柱，乳栿下为前廊；在其之上为三椽栿压前劄牵，这里的三椽栿较为特殊，使用自然弯材，前端搭在劄牵之上，而后端直接搭在四椽栿上；再之上蜀柱支撑平梁。

正殿内两侧山墙各绘有一幅二仙冲惠、冲淑传说故事的壁画。东山墙上的壁画为二仙着红衣端坐上方，周围多是军人形象，描绘的应该是二仙为大军送饭的故事；西山墙上的壁画已斑驳，二仙居高台上，似乎与祈雨有关。两幅壁画都是清代风格，应该是清代某次维修时画上去的。两幅壁画虽系清代所绘，却是晋东南一带少有的一处有研究价值的二仙传说故事壁画，实属罕见。

正殿两侧壁画

带你古建
GUOBAO GUJIAN

泽州
zezhou

青莲寺：
与少林寺齐名的隋唐佛都

📍 地理位置：泽州县金村镇寺南庄村（太行一号旅游公路泽州段 2 千米处）

青莲寺初名硖石寺，坐落在晋城市区东南 17 千米的泽州县硖石山间，分为上院、下院两处，在当地有青莲寺与古青莲寺之说。

上院位于硖石山腰，下院位于硖石山脚，两院相距约 500 米山道，分属天台宗道场、净土宗。寺院依山就势，殿宇楼阁，鳞次栉比；经堂僧舍，错落有致，远有浮山为邻，近有珏山对峙，青山绿水，晨雾暮岚，清静幽雅，古迹文物比比皆是。1988 年，青莲寺被国务院公布为第三批全国重点文物保护单位。

下院的创建年代最早可追溯到北齐天保年间（550—559）。《泽州府志·寺观》载："青莲寺在城东南三十五里硖石山，北齐建，宋赐名福严禅院。"从上、下两院保存的大量碑石记载并参考有关典籍可知，创建者应为北朝高僧慧远。经北齐、北周、隋、唐修建而成的，为佛教弥勒净土宗寺院，主要建筑有正殿、南殿。正殿内佛坛宽大，建筑除留有少量宋代遗构外，皆为后人重建。殿内所

青莲寺

罗汉楼彩塑

存唐代彩塑 6 尊，是不可多得的艺术珍品。这些塑像面容丰满，肌肉健美，身式微曲，姿态自然，皆与唐塑风格一致。南殿彩塑 12 尊，风格上沿袭唐风，注重写实，生动传情。唐碑《硖石寺大隋远法师遗迹记》碑首佛殿图一幅，是已发现的我国古代建筑史上罕见的实证资料。碑首线刻弥勒佛殿图（亦称讲经图）；它所显示的佛殿布局完整，山门、围廊、讲坛、佛殿莫不具备，是研究唐代寺院格局和形制的最好资料。南殿面阔三间，内置彩塑十二尊，其中佛坛前部五尊为宋塑。居中为结跏趺坐于莲台的释迦佛，两侧为侍胁文殊、普贤二菩萨及迦叶、阿难两弟子，塑造手法仍沿袭唐风。北大殿有文殊、普贤、弥勒等唐代塑像，为寺中珍品。

　　为了保存这些塑像，20 世纪末，山西省古建筑保护研究所重建了这两座大殿。为了做到建筑与雕塑的协调，新建的殿宇采用了宋代的建筑风格，举折平缓，出

青莲寺佛像

檐深远，建筑和雕塑时代相得益彰，似乎更加引人入胜。

上院创建于唐末，在寺外东北有一乳窦泉，泉隐崖壁之下，一池清水，晶莹透亮，供养了僧众千载。周边崖面保存着许多摩崖石刻，最早的是东魏武定二年（544）的题刻，结合藏阴寺出土的北齐石刻可知，北朝时这里已有寺院与僧人的活动。

上院原为慧远禅师说法道场，宋以后为天台宗道场。寺分三院，一院为藏经楼，二院为释迦殿，三院为大雄殿。寺院中天王殿、藏经楼、释迦殿、罗汉楼、地藏楼及经堂、僧舍，高低错落、左右对称，掩映在幽静雅洁的环境中。二院释迦殿、罗汉楼、地藏楼有宋代彩塑37尊及500罗汉名号。释迦殿古朴大方、雄伟壮观，单檐歇山顶，头拱肥硕，飞檐凌空，为宋代所建。殿内塑释迦佛本尊坐像及文殊、普贤二菩萨，东西配殿上各塑观音菩萨、十六罗汉和地藏王、十殿阎王像，个个威严肃穆、栩栩如生。虽然庙堂殿宇中有的局部破损，但仍不失为一处较为完整的寺院。

青莲寺不仅地理环境幽雅，上、下两院内现存历代碑碣百余通，真、草、隶、篆书体齐全，宋金以来殿堂楼阁鳞次栉比，唐宋金元明彩塑汇聚，古柏银杏虬柯参天，是晋城历史文脉的重要代表，有的堪称中国文物之孤品，在我国建筑、宗教、艺术史中具有重要地位。

晋城二仙庙：
巧夺天工的宋代天宫楼阁

📍 地理位置：泽州县金村镇东南村（太行一号旅游公路泽州段 2 千米处）

献殿

晋城二仙庙又称小南村二仙庙，位于金村镇东南村。二仙庙坐北朝南，二进院落。南北长 82.49 米，东西宽 28.47 米，占地面积 2348.49 平方米。据庙内碑文记载，创建于宋绍圣四年（1097），元、明、清历代均有修葺，现存正殿为宋代遗构，其余为明清风格。1996 年，该庙被公布为第四批全国重点文物保护单位。

晋城二仙庙是一座已有近千年历史的民间祭祀建筑。由南而北以山门为间隔，分为前后两进院落。山门以南为前院，东西两侧配房、厢房为清代遗构。山门以北为后院，中轴线上依次为过厅、香亭、正殿。正殿即为二仙殿。正殿两侧建东西耳殿各三间。东祀龙王，西祀关帝。东西廊房各十一间。院内两株千年古柏，直插云天，景色清幽。

二仙殿是一座创建年代明确，建筑结构完好，具有断代标准的宋代建筑。据正殿西侧宋政和七年（1117）《新修二仙庙碑记》记载："庙自绍圣四年（1097）五月内下手，至政和七年（1117）秋方始工毕。"

正殿大木作作为中国传统建筑的灵魂结构，其时代更迭的历史印记在木构架中体现得淋漓尽致，其建筑特征反映了宋代建筑所具有的典型风格。

正殿内的小木作帐龛犹如一座精美的建筑模型，上面构筑的斗拱柱枋、勾栏门首、瓦脊吻兽，应有尽有，且雕刻细腻，刀法纯熟，榫卯结实，是极为罕见的、保存完整的早期小木作帐龛实物遗存，为宋代天宫楼阁型小木作的杰出范例，反映了晋东南地区宋代建筑技术的极高成就，在山西南部乃至全国范围内均具有重要地位。

虹桥与天宫楼阁是整个小木作帐龛的点睛之笔。虹桥以两条飞架的曲梁作为支撑，造型十分优美。虹桥之上建有游廊，游廊中间建一座单檐九脊顶殿宇，再现了苏轼笔下的"天上宫阙"。

正殿内所塑"二仙"及胁侍、女官塑像共16尊，与大殿为同时代作品。所塑人物体态端庄，姿势自然，身材修长，比例适度；面容丰润，眉清目秀，表情丰富，生动传神。其衣裙色彩协调、线条流畅，堪称宋代泥塑之佳作，充满了对俗世的亲和力，为研究宋代雕塑艺术提供了珍贵的实物资料。尤其是仙台上所塑二仙像，是晋东南地区少有的宋代彩塑，具有极高的艺术水平和研究价值。

（刘国亮）

1	2	
3	4	5

1. 神龛构造
2. 执掌文印的侍女彩塑
3. 手握笏板的女官彩塑
4. 宋代《二仙庙记》石碑
5. 正殿神龛

水东崔府君庙：
隐没的元代建筑

📍 地理位置：泽州县金村镇水东村（太行一号旅游公路泽州段 10 千米处）

水东崔府君庙位于金村镇水东村北街，与府城玉皇庙相距不足 1 千米。该庙宇是为纪念唐贞观年间（627—649）曾任长子县令的崔珏而设立。2013 年 3 月，被国务院公布为第七批全国重点文物保护单位。

据传，崔珏治县开明，能"阳间阴断"，就如同传说中的包公一样。有善平水患、除恶伏虎之功。关于崔府君的传说很多，颇具神话色彩。其中有"唐太宗入冥加寿""泥马渡康王""祛害斩妖""明断虎案""斩蛇拯溺""歼灭淫狐"等。既有朝廷封敕，又有众多神奇传说，故在晋东南地区广为建造崔府君庙以祭之。

水东崔府君庙坐北朝南，创建年代不详，现存建筑正殿为元代遗构，拜殿及东西耳殿为明代遗构，其余建筑为清代风格。

其主体建筑为一进院落。入庙山门位于耳楼下层，即掖门，与掖门相向在街巷的南侧分立砖雕影壁各一堵。进入掖门拾级而上，凸起平台之北为献殿，与献殿相连处于中轴线最北端的是正殿。

正殿坐落在庙宇最北且最高的平台上，为元代木构厅堂式建筑，面阔三间，进深六椽，单檐悬山顶。前檐石柱有明显收分。梁栿皆为自然弯材，不做细加工，体现了泽州元代木构中对自然弯材运用的娴熟技能。拜殿及东西耳殿为明代建筑，其余建筑则为清代。其建筑布局保存比较完整，现存正殿呈现晋东南地区金元时期的建筑风格，具有重要的历史价值和艺术价值。

正殿屋顶为筒板布瓦悬山屋顶,排山铃铛脊。正脊与垂脊皆为手工捏制的莲花脊筒组拼而成,两端大吻为琉璃质地。其中东侧琉璃大吻为明万历二十三年(1595)遗物,高1.44米,长1.15米,体积较大。釉面为黄绿两色,花饰与龙纹外凸,呈现出较强的立体感。龙吻立面除了饰有向上腾绕的小龙外,另在吞口脑后有小型龙首一只,正调皮地张口吞其发须,形成一尊正吻有五条龙的形制,造型独特,极具异趣。

　　在正殿檐下铺作金柱头阑额、普柏枋等构件上均饰有彩画。采用绿、青、黑、粉四色素画,庄严肃穆。庙内多有构图精美的木雕、石雕装饰。

　　每年的六月初六为崔府君生日,每到这一天都要举行隆重的庙会,为府君庆生。府君庙附近的村庄都要参与表演,如走桩、高跷、二跷、竹马、扛锣,还要为府君帝献上三天四夜的大戏。　　　　　　　　　(刘国亮)

水东崔府君庙全景

玉皇庙:
二十八宿独冠天下

地理位置：泽州县金村镇府城村（太行一号旅游公路泽州段 10 千米处）

玉皇庙彩塑壁画博物馆

由晋城市区沿陵沁一级公路向东北方向行驶约 13 千米，来到泽州县金村镇府城村附近，玉皇庙便坐落在村北卧龙山岗上。当地人习惯称其为"府城玉皇庙"，它是晋城境内现存创建年代最早、规模最大、保存最完整的玉皇庙。

　　府城玉皇庙内的建筑、壁画、琉璃、碑刻、砖雕和木刻，无一不是上品佳作，最有特色的彩塑艺术在国内可谓独占鳌头。而以人和动物相结合产生的二十八星宿彩塑更是独冠天下，为"海内孤品"。正因如此，1988 年 1 月，府城玉皇庙被国务院公布为第三批全国重点文物保护单位。

　　玉皇庙坐北朝南，为三进院落，平面布局为长方形，南北长 110 米，东西宽 32 米，有殿宇楼亭 110 余间，是一处规模宏伟的古建筑群。

玉皇庙彩塑

二十八宿塑像

角木蛟　亢金龙　氐土貉　房日兔　心月狐　尾火虎　箕水豹

斗木獬　牛金牛　女土蝠　虚日鼠　危月燕　室火猪　壁水貐

　　玉皇庙古称"玉皇行宫"，创建于北宋神宗熙宁九年（1076），金、元、明、清屡有修葺，现存建筑基本保持宋元风格。玉皇庙沿中轴线由南至北依次排列有：头道山门、仪门、二道山门、成汤殿、献殿、玉皇殿，另外两庑设有二十八宿殿、十二辰殿、十三曜星殿、关帝殿、蚕神殿、太尉殿、钟鼓二楼等诸多建筑，整体建筑错落有致，布局严谨，巍峨壮观。

　　山门造型为单檐悬山顶，孔雀蓝琉璃装饰，与钟鼓楼顶上黄绿琉璃构件相互增辉，十分鲜艳。享亭单檐歇山顶，斗拱出现龙头象鼻。诸神殿居于中院正中，内建木构楼阁，面阔三间，进深六椽，单檐悬山顶，古雅朴实，塑有成汤像。东西配殿有东岳、三王塑像。东西两侧分别为药王殿、五道殿、高禖祠，内塑药王、五道将军、文王夫妇。南殿西为地藏殿，内塑地藏菩萨及十殿阎君；东为六瘟殿，内塑六瘟神像。后院大殿为玉皇殿，单檐悬山顶，面阔三间，进深六椽，板门直棂窗。正殿内塑有玉皇大帝、普天星君。左右偏殿分别为三垣、

奎木狼　　娄金狗　　胃土雉　　昴日鸡　　毕月乌　　觜火猴　　参水猿

井木犴　　鬼金羊　　柳土獐　　星日马　　张月鹿　　翼火蛇　　轸水蚓

四圣塑像。东西廊房为十三曜星、六太尉和十二辰、二十八宿塑像。

　　在玉皇庙的雕塑中，成就最高的为我国元代塑造的二十八宿。二十八尊神大部分面朝东，三像朝北，四像朝南，拱手捧笏，抚雉放乌，驯狗侍羊，场面十分壮观。雕像中有正有侧，有坐有蹲，有男有女，有老有少，有文有武，动中有静，静中有动。一条绶带的飘动，一方披帛的包裹，一个衣角的飘起，一个眉眼的挑动，体现了宋元造像艺术的特点和注重细节、追求韵味、彼此呼应协调、互相补充配合的思想。

　　二十八宿的衣服装饰是表现性格的重要元素，体现了宋元时期的织造水平和流行时尚。袖边、裙边、外衣，包括武士穿的简单戎装，都雕有精美的织绣花纹。承袭了盛唐的华彩，却又比盛唐更为精致。二十八宿神像五彩缤纷，以褐红、石榴红和绿色为主。风飘袂起，千重万叠，花红柳绿，五彩斑斓，一衣胜似一衣，展现了中华民族襦裙礼衣无与伦比的魅力。

府城关帝庙：
藏有数百年前的绝美石雕滚龙柱

📍 地理位置：泽州县金村镇府城村（太行一号旅游公路泽州段 10 千米处）

正殿

府城关帝庙全景

府城关帝庙与玉皇庙相距不远，堪称双璧联辉。庙宇坐北朝南，四进院落。南北长 154.08 米，东西宽 28.53 米，占地面积 4396 平方米。创建于崇祯六年（1633），现存建筑为清代风格。

在全国特别是山西众多的关帝庙中，府城村关帝庙以其三义殿的四根人物柱和关帝殿四根滚龙柱石雕艺术取胜，实属全国庙宇石柱中罕见之精品。2013 年 3 月，府城关帝庙被公布为第七批全国重点文物保护单位。

关帝庙随青龙岗地势而建，自山门起，各院落次第升高，布局严谨，气势宏伟，给人以肃穆幽静、富丽堂皇之感。平面布置为四进院落，每一进院，又分上下两院，高低错落，因此被称为"四进八叠"。中轴线上由南向北依次为头道山门（戏台）、石牌坊、二道山门、关帝殿、三义殿，东西配殿、碑廊和两庑厢房鳞次栉比，呈对称分布，大小殿堂 160 余楹。

关帝殿前的石雕盘龙柱，置于木雕月梁斗拱下，十分精美。柱高丈余，合围三尺。在四根石柱体上，刻着十余条大小不一的腾空巨龙。或盘绕，或腾跃，龙体形态各异。盘龙间穿插雕有八仙、风伯、电母、雷公、雨师等神仙，各具神态，栩栩如生。有的人物头部只有寸许，但表情丰富，特征明显。虽然有一部分人物头部被毁，但从姿态动作仍可领略其神韵，了解其职责，充分看出匠人高超的工艺。

支撑滚龙柱底座的是四只凶猛威武的圆雕石狮，它们两两相对，与巨龙交相辉映，给人以雄壮凶悍之感。石柱尽管经历了200多年的沧桑，仍然棱角分明，清晰如故。西边第二根滚龙柱底座的宝狮身上，镌刻着大篆印"景安"，行草印"乙卯仲秋"，楷书"廷美之印"等石刻字迹，这就示明四根滚龙柱雕刻于乾隆元年（1736），是关帝庙内的精华之一，也是中国清代建筑史上雕刻艺术的典范。

三义殿最有价值、最为精美的是前廊的四根人物石柱。石柱柱础为二层，下层为楼阁式雕刻，上层置盘龙石鼓。柱身雕刻均分为四层，采用镂空雕、浮雕、线雕、立雕相结合的表现手法，将我国上至周朝，下至唐代的三百多个历史故事和神话传说人物精雕细刻地浓缩于四根石柱之上，人物造型虽只有几寸，但眉眼鼻口、衣饰花纹无不细致如真。所选人物典型，故事生动，有的反映文人学士的生活，有的描绘争夺天下的场面。

（王国瑞）

三义殿人物石柱

大阳汤帝庙：
减柱移柱举世罕见

📍 地理位置：泽州县大阳镇西街村（太行一号旅游公路泽州段大阳支线）

成汤殿

泽州县大阳镇，古称阳阿，相传夏商之时为"典祀"之地。大阳自古就是铁的重要产地，经久不衰的冶铁业，促进了当地的经济发展，使大阳镇留下众多元、明、清时期的建筑及民居，其中外表朴实、周身溢出游牧民族粗犷性格的汤帝庙最为著名，它在晋东南众多的汤帝庙中名气最大，2006 年 5 月被国务院公布为第六批全国重点文物保护单位。

　　大阳汤帝庙位于晋城市区西北 30 千米，泽州县大阳镇西街。大阳人把汤帝庙叫做大庙。在古代大与太是同义，大庙就是太庙，太庙就是祖宗庙。把社庙与祖（宗）庙合一为汤帝庙，既可以慎终追远又能维系历史文化根脉。庙内现存有明清重修碑、纪事碑数通，保存完好。

　　庙宇坐北朝南，一进院落，平面布局规整，南北长 64.95 米，东西宽 46.75 米，占地面积 3000 多平方米。建筑物轴线对称，由南至北依次顺坡建有戏楼、山门、中门、成汤殿。

　　山门高约 10 米，建在一处砂石台基之上，进得山门，迎面又设中门一所。中门两侧原为碑廊，现已改为他用。碑廊两侧各有偏门，平日中门不开，人们从此进出。

梁架构造

　　正殿也就是成汤殿，是汤帝庙的主要建筑。成汤殿始建于宋乾德五年（967），后在金初毁于战火。现存的成汤殿，创建于元至正四年（1344），是一座身份明确的元代建筑。庙内其他建筑皆为明清重修。

　　成汤殿殿阔三间，进深八椽，东西分别为佛祖殿、老君殿，两小院内又设耳殿两座，东为三峻殿，西为虫王殿。汤帝殿单檐悬山顶，举折平缓。前檐柱四根，木质，方形砂石柱础。檐柱微有卷杀，斗拱五铺作，斗拱上直接承托撩檐枋，下则为大额枋，额枋用粗壮的原木，不用阑额，而在柱头上横穿一替木用以替代。

　　成汤殿最为精华之处是殿檐上的一个粗壮的木质大梁，据说是荆木的，就是用来编制笭筐的荆条木。这根大梁粗约3米，长超过20米，由三段荆木连接而成。两根檐柱支撑于大梁的接口处，将这根粗大的荆木大梁稳稳撑起。

大阳汤帝庙全景

　　成汤殿为了增加建筑室内展示空间，不仅大量使用了宋辽之际发展起来的减柱移柱技艺，而且配以低矮粗壮的檐柱和砍斫的自然弯材檐额，体现出元代建筑浓郁的粗犷彪悍之风。乍看前廊为三间，其实，正殿里还有两根暗檐柱，将大殿真正分为七间，设计者巧妙地借正殿檐下的荆木大梁转移受力，如此一来柱的数量就减少了，从外看是三间，内里则是七间。中国建房讲究梁对梁、柱对柱。7间房，本应该用16根柱，可是成汤殿只用了8根。

　　据当地百姓讲述，大阳汤帝庙祈雨十分灵验，只有这样，香火才能延续，并在历代得到修缮，使之成为目前国内保存最为完好的元代建筑之一。

崇寿寺：

北方最接近《营造法式》的宋代建筑

📍 地理位置：泽州县巴公镇西郜村（太行一号旅游公路泽州段2千米处）

崇寿寺位于泽州县巴公镇西郜村东北的高岗之上，整个建筑群气势宏伟，殿堂壮丽，为一方胜境。

据寺内现存北魏造像碑和勒石于元皇庆元年（1312）的《重修崇寿寺碑记》，至迟在北魏时期寺院已建成，唐开元七年（719）重修，北宋太平兴国三年（978）敕赐院额，大中祥符元年（1008）始名崇寿寺。宋宣和元年（1119），寺院得以重修，金、元、明、清屡有修葺。2019年10月，泽州崇寿寺被列为第八批全国重点文物保护单位。

寺院坐北朝南，三进院落，建筑布局规整，南北长87.16米，东西宽36.7米。寺院整体呈中轴对称，山门内有天王殿，两侧有钟鼓二楼，中为释迦殿，东西配殿奉地藏、观音、十八罗汉、十殿阎王，后为雷音殿。殿旁东西各有小院一区，东为菩萨院，有三大士殿，西为关圣院，有关帝殿。

山门前为四柱三间牌坊，牌坊前后石狮守卫。沿中轴线踏上台基为山门，创建于金天会八年（1130），现存为清代建筑。山门面阔三间，进深六椽，中开板门，前檐廊下左右塑哼哈二将，两侧各有耳殿三间。门后为前院，正北为天王殿，坐落于六级台基之上，面阔三间，进深六椽，单檐悬山顶，前后各设格栅门窗，现存为清代建筑。内塑弥勒佛、韦陀和四大天王像，为20世纪90年代作品。天王殿两侧有东西掖门，檐下三翘七踩斗拱三朵，门前各有清代石狮一对。左右分别为钟、鼓楼，高15米，二层十字歇山顶楼阁式建筑，为21世纪初重建。

正北为释迦殿，它是整个庙宇中文物价值最高的。其殿身面阔三间、进深六椽，建筑平面呈正方形，屋顶为单檐歇山顶，顶上以布瓦覆盖，檐柱有侧角升起。檐下斗拱排列疏朗，柱头斗拱为五铺作，单杪单下昂，计心造。补间无斗拱，仅在柱头枋位置隐刻一斗三升，整体保存情况完好。此外前檐石柱上有北宋宣和元年（1119）题记佐证，门额石上有庚戌年间刻字，檐柱作为古代建筑主要承载房屋受力的构件，一般是很难更换的，石质檐柱更是坚固无比、经久耐用，因此释迦殿毫无疑问是宋代的古建原物。

寺内有唐代八角形石幢两座，通高4米，须弥座上雕宝装莲瓣及石狮，幢身刻陀罗尼经，宝盖为璎珞花纹，镂刻精细。寺内还保存有北魏造像碑一通，雕屋形龛及一佛二菩萨；另有宋金以来石碑13通，是研究历史沿革的重要资料。斗拱上的琴面昂、计心造、双瓣华头子、耍头、栌斗等形制，接近《营造法式》的相关形制。这一现象见证了《营造法式》颁布之后的十余年间，晋东南地区开始出现了由地方作法向《营造法式》的主流官式作法转化的历史进程。泽州崇寿寺释迦殿成为见证《营造法式》影响力、见证宋金时期建筑形制时空流变的重要证据，成为破解晋东南地区宋金建筑分期的关键。

泽州岱庙

泽州岱庙：
泰山以外建有岱庙的地方

📍 地理位置：泽州县南村镇冶底村（太行一号旅游公路泽州段 15 千米处）

岱庙正门

　　泽州岱庙又名冶底岱庙，俗称西大庙，位于距晋城市区西南 17 千米的泽州县南村镇冶底村西土岗上，是除泰山以外少有的岱庙。

　　岱庙的创建年代已不可稽考，北宋大中祥符四年（1011）封东岳泰山神为"天齐仁圣帝"。据庙内天齐殿北宋元丰三年（1080）的四根青石柱题记判断，北宋时期应已蔚为壮观。北宋以来，金、元、明、清屡有修缮、增建。整个建筑群错落有致、竹木掩映、环境清幽。2001 年 6 月，泽州岱庙被国务院公布为第五批全国重点文物保护单位。

　　古庙坐北朝南，占地面积 3720 平方米，依山势分上、下两院。沿中轴线从南往北

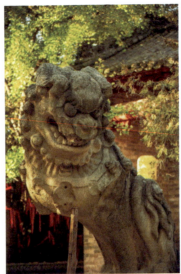

庙前石狮

屋脊鸱吻

依次为山门、鱼沼、竹圃、舞楼、天齐殿。两侧又设有碧霞元君殿、土地殿、五谷神殿、虫王爷殿、牛王殿、龙王殿、速报司神祠、关圣帝殿等。庙的下院有清泉、鱼沼各一。庙里精湛的石雕、砖雕、栩栩如生的木雕、琉璃、壁画无一不显示出我国宋、金、明、清工艺的显著卓越。

　　正殿天齐殿，又名五岳殿，位于中轴线北部最高处，修筑在 1.64 米高的砖砌台基上，面阔三间，进深六椽，单檐歇山顶。此殿为岱庙主殿，主要供奉泰山神。泰山神又名东岳大帝、天齐仁圣帝，故泽州岱庙又有东岳庙、泰山庙、天齐庙等称呼。天齐殿有"三绝"：其建筑主体构架古朴大气，为一绝；石门框线刻雕精美，为二绝；木雕神龛规模宏大，雕刻繁复，为三绝。除此外，天齐殿还纳壁画、彩绘、琉璃吻兽、石碑等艺术珍品于一堂，蔚为壮观。比如屋脊两侧鸱吻，总高 2.5 米、宽 1.6 米、厚 0.32 米，由下向上分作四层，共计六拼组成，体形硕大，龙身扭曲，尾部起翘，形制古朴，气韵不凡。

舞楼位居中轴线正中，既是下院园林景观中一处优美的亭台，又是上院专为东岳大帝准备的演戏娱神之所。舞楼建在高约一米的台基上，整体为亭式造型，采用十字歇山式屋顶，四翼如飞。站在楼下仰望，但见藻井木结构重重叠叠，由方井、八角井、圆井三重井架构成，结构精巧，令人叹为观止。岱庙舞楼始创年代较早，现存建筑有金代遗存、金建元修、元建明修等多种说法。

天齐殿的台基向东西两侧延伸，与两庑山墙相交，形成两个独立的平台。平台上的建筑东西对称，东西共分布有6座配殿：东北有关帝殿、龙王殿和二仙殿，西北有阎王殿、牛王殿和速报司神祠。

通常意义上讲，一般的北方寺庙给人更多的是凝重庄严的感觉，而岱庙却有完全不同的感觉，被人称为北方园林建筑的"活化石"，设计者别具匠心的园林布局及景观点缀，让岱庙有了与众不同的风采。

人字柏

国保古建 GUOBAO GUJIAN

城区
chengqu

怀覃会馆：
太行驿旁的豫商印痕

📍 地理位置：城区驿后社区（太行一号旅游公路城区段 7 千米处）

怀覃会馆献殿

怀覃会馆位于晋城城区驿后社区东巷 309 号，坐北朝南，一进院落，南北长 49 米，东西宽 44.3 米，占地面积 2170 平方米，创建于乾隆五十七年（1792），现存建筑为清代风格。2019 年 10 月，怀覃会馆被国务院公布为第八批全国重点文物保护单位。

　　怀覃会馆是河南彰德、卫辉、怀庆三府的商人在古泽州府修建的一座行业性会馆。其中怀州是指古河南省的河内、济源、温县、孟县、武陟、修武、原武、阳武八县，俗称河内地区，《禹贡》将其称为覃怀。北魏时期，这里称怀州。隋唐时期，设立怀庆府，府治在今沁阳市。

　　这一带与山西晋城以太行山为界，山上山下相邻，自古及今，两地人民经济文化交往不断。春秋战国开始，晋城商人经营的煤铁丝盐在中原占有很大的市场，怀庆府的农产品又很受晋城人民的欢迎。

　　目前保留下来的院子，总共包括 3 间拜殿、3 间正殿、左右各 3 间偏殿、左右各 3 间厢房、左右各 9 间廊房，这仅仅是过去三进院中的主院。按照建制，主院前面应该还有二进院、头进院，而正门外还应该有一座戏台。目前会馆西邻的一个偏院也应该是怀覃会馆的附属建筑。当时的怀覃会馆，占地将近 40 亩，房屋不下 100 间，其规模应该和武汉的"覃怀会馆"大抵相当。

彩绘木雕

馆内存碑

　　从有着 20 世纪七八十年代明显特征的二楼过道进去，有一宽敞的大院，首先可以看见拜殿阶下的两只石狮子，高约 3 米，其石质不是太行山常见的石灰岩，而是同武汉的覃怀会馆门前的石狮子一样，都是砂石。两狮子互相张望，气势逼人，富丽辉煌，比较符合商人的审美观。值得一提的是，怀覃会馆的石狮子头向内摆，而不是像其他地方那样冲着外边——似乎有招财进宝的含义。

　　院落东西各有好几间厢房，房顶上的藏蓝色琉璃脊饰分外引人注目。

　　院落正北为会馆主体建筑，有正殿和拜殿。正殿面阔 3 间，左右耳房各 3 间，两侧配殿各有 9 间。拜殿修建在正殿前一米多高的台子上，斗拱、石柱两侧的雕刻复杂细腻，两边飞檐下有人物雕刻，拜殿和正殿有粗大横梁，最引人注目处是两条巨大的金龙盘游其上，主殿由于不受阳光直接照射，两金龙闪闪发光，似欲出殿腾飞。拜殿则受到光线曝晒，金身虽不如主殿，但也足让人感叹不已。

精美梁架

在正殿花梁上可看到"大清乾隆五十七年面行创建大殿三楹"字样，总理人为当时万和号的王之瑞、昌茂号的程统业、万盛号的赵大法。顺花梁看下去，可发现拜殿建于清乾隆五十八年（1793），侧殿建于清嘉庆七年（1802）。总理人为面行相同号的三个老板。由此看来，怀覃会馆是由清代乾隆到嘉庆年间河南面行商人发起并修建的。前后建筑的时间为 10 年左右。

怀覃会馆当年坐落在泽州古城的南门外略偏东南的位置，当时那里是商贾云集的地方，又是著名的太行驿，来自怀庆府、卫辉府、彰德府的货物都在这里交易。怀庆府的商人在这里以经营面粉为主，形成了庞大的商帮。怀覃会馆其实就是怀商制定行业规范、管理行业事务的议事厅。

在西厢房的墙壁上，有两块碑记，其中一块是立于清嘉庆七年（1802）四月二十一日的《南关面行条规》，应该是另一块碑刻的附属条款。从碑文内容可知，当时怀商的帮规甚严，但作风民主，动辄"议罚"，且实行"轮值主席制度"，代表了那个时代的先进文化。

会馆原来还有照壁、东西戟门、舞台、钟鼓楼、正殿、拜亭、耳殿、廊庑等建筑，现在已经不见踪影。"文化大革命"前会馆前院有大影壁一座，院中有一泓清水，潭边垂柳拂风，有江南园林风格，现在这些建筑已荡然无存，院门外据说还有旧时的演武场，也早已难觅踪影。

（李向阳）

国保古建

阳城

yangcheng

GUOBAO GUJIAN

陈廷敬故居：
中国北方第一文化巨族之宅

📍 地理位置：阳城县北留镇皇城村（太行一号旅游公路支线 4 千米处）

　　陈廷敬故居又称皇城相府，位于阳城县东北 18 千米左右的北留镇皇城村。皇城相府是陈氏家族历经明清两朝建成的家族宅院，原名"中道庄"，清时由康熙赐名并亲笔御书"午亭山村"。后因康熙皇帝两次驻跸于此，世人皆呼其为"皇城"。相府，则因这里是清一代名相陈廷敬的故居。皇城相府是一处罕见的明清两代城堡式官宦住宅建筑群，被专家誉为"中国北方第一文化巨族之宅"。2013 年 3 月，陈廷敬故居被国务院公布为第七批全国重点文物保护单位。

　　皇城相府由内城和外城两部分组成，内城系陈廷敬的伯父陈昌言在明代建造，外城为陈廷敬入阁拜相后所建。建筑群整体融官宅、民居和军事防御为一体，依山就势，随形生变，层楼叠院，错落有致。其中有院落 16 座，房屋 640 间，总面积 3.6 万平方米。

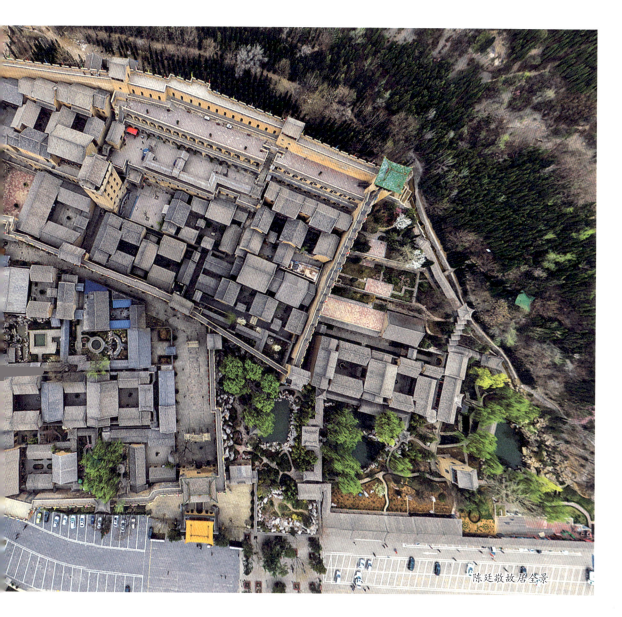

陈廷敬故居全景

内城又名斗筑居，系陈廷敬的伯父陈昌言在明代为避战乱而建。古城依山就势，东高西低，巍峨壮观。城墙内四周设藏兵洞，亦称"屯兵洞"，洞与洞之间互设暗道，出入方便。藏兵洞上下五层共125间，层层梯升递进，逐步靠近城墙，最上一层嵌入城墙与之融为一体。内城北部建一高堡楼，名曰河山楼，长三丈四尺，宽二丈四尺，高有十丈。楼分七层，层间有墙内梯道或木梯相通，底层深入地下，备有水井、石磨等生活设施，一应俱全，并有暗道通往城外，是战乱时族人避敌藏身之处。

河山楼是皇城相府中最高的建筑，足有30多米高，共7层，之所以建这么高，是为了尽可能多地容纳乡亲族友，以避流寇伤害。为了防止敌人攀爬，河山楼三层以下没有窗户，三层以上，窗户狭窄，看起来不美观，但结实安全。河山楼建成后，果然遇到乱兵围攻，村中800多人及陈氏家族避难于楼内，在一个月内抵御了乱兵的侵犯，使千余人的生命受到保护。河山楼全部用砖石砌成，历时400多年，依然屹立于相府内。

小姐院

河山楼

皇城相府一角

石牌楼是皇城相府的另一个地标。眼前的这座大牌坊，始建于康熙三十八年（1699），匾额上刻"冢宰总宪"四个大字，冢宰即宰相，总宪即都察院左都御史的别称，这都是陈廷敬担任过的职位。牌楼两侧匾额书"一门衍泽""五世承恩"8个大字，还有14幅匾额书写着陈氏家族取得的功名与官职，其中包括康熙皇帝对陈廷敬的父亲、祖父、曾祖父的累次封赠。

石牌楼

相府的主体建筑宰相府和大石牌楼是同年修建的，距今已有 300 多年的历史。在陈廷敬拜相入阁后又在外面的两柱间加上了"大学士第"匾额一块。进入大门就可以看到当时的过道大厅，至今余韵犹存。它为四柱三门、三间七架的结构。中间的门叫仪门，也是正门，是主人和贵宾的通道，平时关闭，只有在皇帝驾临或朝中一定级别的官员造访时，才开启通行。寻常文武百官和普通人只能从两侧偏门按照左文右武的顺序出入。进去可以看出陈廷敬修建府第时是按照前堂后寝、东书院、西花园的格局修建，当地老百姓称为"皇城小故宫"。

外城紧依内城西城墙而筑，主要建有御书楼、相府、点翰堂、内府、管家院、绣楼、东书院、内宅、西花园、望河亭等。其建筑布局沿袭了清代前堂后寝的规制，并且在建筑规格上彰显了"正一品光禄大夫"门第的尊贵。

恩荣故去，文化久存，如今的皇城相府于山势掩映之中集巍峨壮伟隽秀迤逦于一身，成为人们鉴赏和研究历史文化的好去处。

御书楼

郭峪村古建筑群:
被誉为"中国乡村第一城"

📍 地理位置：阳城县北留镇郭峪村（太行一号旅游公路支线 4 千米处）

郭峪村古建筑群位于阳城县城东北 18 千米的北留镇郭峪村，处于一条南北走向的山谷之中，占地约 18 万平方米。郭峪村是一座城堡式的古老村落，它依山傍水而筑。主要建筑有元代创建的规模宏大的汤帝庙、明末为防战乱而建的城堡和较城堡稍晚几年同样为防御建筑的"豫楼"，还有保存较好的 40 多幢明清古宅。2006 年 5 月，郭峪村古建筑群被国务院公布为第六批全国重点文物保护单位。

郭峪古城外墙

汤帝庙

　　郭峪村古建筑群是一座为避难自保而修的防御性建筑，修建于明崇祯八年（1635），用了不到 10 个月的时间便竣工。城墙平均高 12 米，阔 5.3 米，城周长 1400 米，城堞 450 个，城楼 13 座，窝铺 18 个。郭峪古城共建有东、北、西城门 3 座，东南及西南面各有水门 1 座。为了增强防御功能，还在四面筑有马面，在西门筑有瓮城。为抢时省工，又便于居住防守，在城墙内壁建筑城窑一至三层，共计 627.5 眼，故俗名"蜂窝城"。

石碑拓片

戏楼一角

　　豫楼位于郭峪古城中央，建于明崇祯十三年（1640），共计7层，高33.3米，每层5间，长15米，宽7.7米。底层墙厚2米，每递高一层，墙厚度递缩0.2米，直至第七层，墙仍厚0.8米。第一层为半地下层，系单孔砖拱窑，内置有石碾、石磨、水井、炉灶、厕所（三层也有一个）、斜形排气孔四个、平行人气孔两个、暗洞一个。暗洞通过石门进入暗道，暗道由砖券成，分两条，均可通城外。第二层为5孔砖窑构成，中为门洞，南北各两眼互通窑洞，用于住人藏物。门朝东，上镶有泽州庠生王珩于明崇祯十三年（1640）所题"豫楼"匾额。三层以上，均用梁檩木板盖顶。五层西墙正中，嵌有墙碑一块，为《焕宇变中自记》。六层西墙正中，也有墙碑一块，为《焕宇王翁豫楼记》。七层之上四周为砖堞。砖堞之内，又起檐封顶建有"凌虚阁"。楼顶四角，挂有铎铃，于风中叮当作响。楼四角垂直，四墙平展，数百年风采依旧。

　　豫楼之"豫"为《周易》"豫卦"之"豫"，有防御、逸豫等多重意义。楼与城为同体结构，城为蜂窝城，楼为蜂窝楼，结构得体。雄居城中，登顶可瞭望方圆数里。

张家大宅

汤帝庙位于西城门内，为村之社庙。于元至正年间（1341—1368）创建，明正德年间（1506—1521）扩建，嘉靖年间（1522—1566）曾毁于火，复修于万历年间（1573—1619），清顺治九年（1652）又予整修。全庙分上下两院，上院前沿施望柱栏板，两旁及正中有石梯可通上下。北面为正殿，面阔9间，进深6椽。东西配殿各3间，垛殿各2间。下院东西两面为两层楼房，上下各10间，上为看楼，下为住房和客房。南面上为戏台，台面至院高4.5米，是全县最高的戏台。两旁为储藏化妆楼，下为山门，外有门厦五间，两旁为钟鼓楼。

明清之际，郭峪村的经济、文化发展均达鼎盛，其中尤其是张鹏云（明万历年间进士，曾任蓟北巡抚）和陈昌言（陈廷敬伯父）为代表的张、陈两大家族，官宦累世，门庭显赫。又有以王重新为代表的富商巨贾，他们家财万贯，富甲一方，住宅也都相当讲究。现在，村中保存较好的古宅子有40院之多，主要院落有：张鹏云大宅、陈廷敬旧居、张好古故居、王维时住宅、光昭世泽院、谭家院、西院、耕心种德院等。其中明代住宅十几院，清代住宅二十多院，共计1100余间。尽管许多宅子历经几百年的风霜战乱，有些已破损，但仍可从那挺拔的高墙，气势不凡的门楼，粗壮的梁架以及各类手艺高超的木雕、石雕、砖雕中看到当年辉煌的印迹。

豫楼

海会寺

海会寺：
千年古寺擎双塔

📍 地理位置：阳城县北留镇大桥村（太行一号旅游公路支线 4 千米处）

　　海会寺又名龙泉寺，位于阳城县北留镇大桥村西南。寺院创建于隋代，唐代已颇具规模，是一座唐宋帝王两赐名额的千年古刹。2006 年 5 月，海会寺被国务院公布为第六批全国重点文物保护单位。

　　海会寺依山傍水，山称笔架，水曰樊溪，由于该地四水汇聚，所以又称四河口（寺河口）。这里是古代阳城通往晋城的一条通衢大道，且有润城、三庄、郭峪等富甲一方的村镇及豪商巨贾鼎力资助，再加上历代文人官宦的热捧，可谓尽占天时、地利、人和，因而获得"阳城第一大寺"的称号。

　　海会寺是一处古刹与园林交融的地方，至今依然宝塔巍巍，殿宇轩昂，晨钟暮鼓，绿瓦红墙。步入寺院，但见泉水淙淙，绿树成荫，亭榭掩映，曲水流觞。

琉璃宝塔

海会寺双塔

　　古寺院坐北朝南，共分三区，一为古塔区，二为佛寺区，三为古典园林区。

　　古塔区有三重院落，前院有唐末舍利塔，中院有明代琉璃悬阁宝塔，后院原为出资修建明塔的阳城商人李思孝的祠堂，但自邑人王国光在此读书成名后，这里就成了一所书院，即海会别院。这里也有大殿、耳殿、东西配殿、僧舍、过殿、钟鼓楼、山门等建筑，但最为核心的建筑还是前后排列的双塔。舍利塔建造于唐朝末年，已经有1000多年的历史，是顺慜高僧在圆寂之后，他的弟子为其修建的，有10层20多米高，六角形状。塔内的墙壁上镶嵌着三排小佛像，密密麻麻，佛像朴实无华，也被称为千佛塔。琉璃宝塔则是明代仿照六和塔修建的琉璃塔，呈八角形状，一共有13层，高50多米。塔内有螺旋状的通道，可以直接通往塔顶。与六和塔不同的是，琉璃塔在塔身增加了许多琉璃构件，使得宝塔更加光彩照人。在塔内的第十层还有一圈向外的平座，用琉璃做栏杆，创建了"悬空楼阁"，这在北方的楼阁塔中非常罕见。

◀ 砖雕

▼ 千佛塔内的小佛像

▲ 小佛像

▶ 鸱吻

佛寺区是一处由南往北步步高升的五重院落。中轴线上有山门、四大天王殿、莲池、药师殿、毗卢阁、伽蓝殿（遗址）、大雄殿。大雄殿两侧有东西经堂、卧佛殿、观音殿、阎王殿、文武圣神殿、碑廊等。大雄宝殿为明成化年间所建，大殿修筑在一个高约一米的石砌台基上，面阔五间，进深七椽，抬梁式结构，前后通檐用三柱，七架梁屋前带插廊，单檐悬山顶，琉璃剪边。前檐用机凳式方形柱础，方形抹角石柱，柱头用阑额、额枋，五踩重昂斗拱，每间各设补间斗拱一攒，仅明间出 45°斜拱。殿前有一方形月台，三面皆有踏垛。大雄宝殿两侧的建筑都是历史遗存物，各有配楼五间、夹殿三间、配殿三间。从建筑的形制、斗拱的做法来看，元、明、清各代的都有，在最早的构件中，甚至可以看到金代的一些做法。

佛寺区东西两侧为古典园林区，内有著名景观海会龙湫、流觞曲水、龙涎飞瀑等。寺院不仅古建丛集而且保存了从五代、宋、金到明、清的碑碣近百块。整个寺院占地约 29000 平方米，建筑面积达 3800 多平方米，将佛教文化、科举文化、建筑文化、园林文化完美地融为一体。

海会寺不仅是阳城县的第一禅林，在整个晋城市来说也堪称第一大寺院，尤其是海会寺的琉璃塔，被称为上党明塔之冠。其纤细玲珑的身姿，琉璃支出的平座，在整个北方地区的古塔中，也是极为罕见的，极具观赏性。

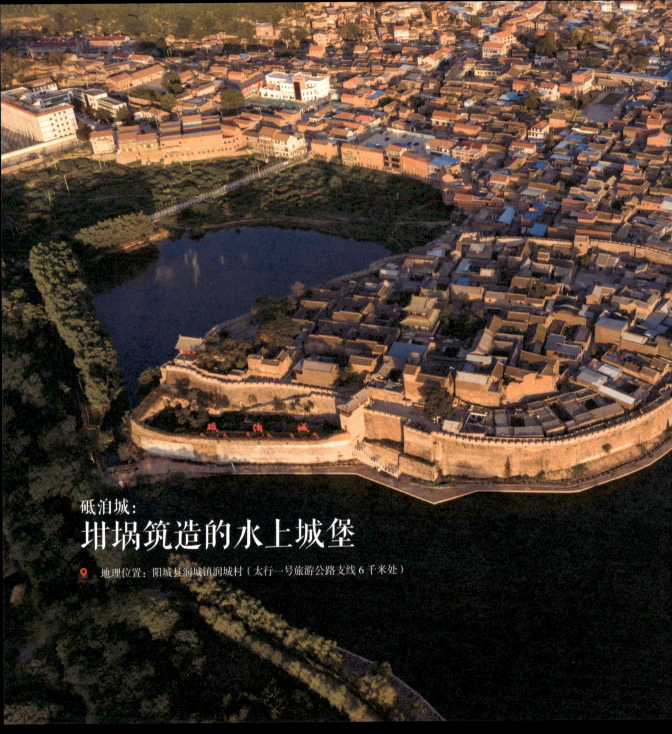

砥洎城:
坩埚筑造的水上城堡

📍 地理位置：阳城县润城镇润城村（太行一号旅游公路支线 6 千米处）

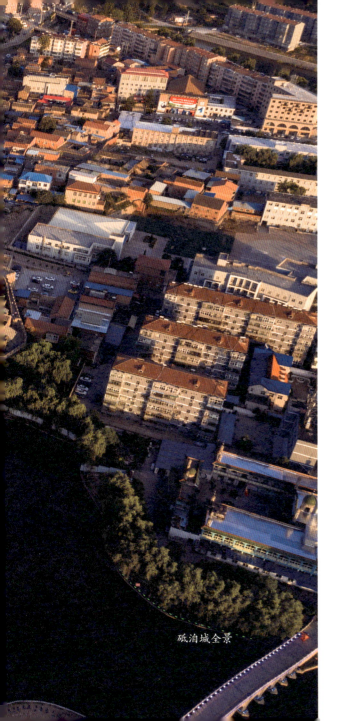

砥洎城全景

　　砥洎城位于阳城县润城镇西北隅沁河（古称
洎水）河心的一块天然大砥石上，坐北朝南，三
面环水。远望其城，如磐石砥柱，挺立中流，故
名砥洎城。它是现存建筑史上的稀缺实物资料，
城堡内的民居、巷道与城墙一起被纳入整体防御
体系，体现出防御为本、平战结合的设计风格和
建筑特点。2006 年 5 月，砥洎城被国务院公布
为第六批全国重点文物保护单位。

　　砥洎城最早建于何时，目前还没有定论，但
在砥洎城的文昌阁内存有"山城一览碑"，此碑
刻制于明崇祯十一年（1638），它以平面的形式，
绘出了砥洎城的外形轮廓，并附有一段碑文，可
以了解到砥洎城的建造年代不会晚于明末。

　　这一时期，正是润城铸造业极为兴盛之时，
并一度成为晋东南煤铁产销中心。明朝正德年间，
吏治腐败，变乱四起，富庶的润城成为流寇袭扰
的重灾区。为抵御流寇，已经退隐的润城人氏、
明末大兴原县令杨贲闻带领众人选择在三面临河、
西北方向的高处创建砥洎城。

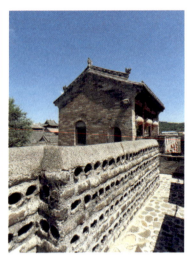

砥洎城入口　　　　　　　　　　　　　　　　　　坩埚城墙

砥洎城虽系砖石木建结构，但从形体规格、建筑用料到实用价值等方面却十分讲究。它采用当地炼铁废弃不用之坩埚筑城，历经300余年还坚固异常，实属筑城史上罕见，又被称为"蜂窝城""坩埚城"。

砥洎城南面外墙用青砖垒砌，临河东、北、西外墙选用石灰石和天然河卵石，内墙多用坩埚，一律以石灰和炼铁渣调浆，其坚固程度胜过当今的水泥砂浆，经过不断钙化愈久愈坚。一行行坩埚纵行排布，虚实相生，整齐而富肌理之美。城墙上设有炮台、望楼、垛堞、藏兵洞等。环城路与城门楼相通，可环城巡视。堡墙承载着多种功能，一方面昼防流寇，夜防盗贼，另一方面也防风阻水。

南门为城初建时的唯一出口。门楼建有三层，额书"砥洎城"。最下层城门洞过道中设有内、外两道城门，西侧有门房。外层城门前原有一道铁闸。中层为弹药库，内存大炮、抬枪、鸟枪、火药、铁沙、火箭炮、飞碟等武器装备。最顶层城楼四面开窗，内悬一口铁钟，供日常计时或遇匪患报警之用。城内还备有水井、碾磨，既可解决居民饮食饮水需求，又能防备敌人火攻，可谓统筹兼顾，考虑周详。

堡寨内道路如网，布局形似迷宫。街道狭长而幽邃，空间曲折又多变。巷道大多呈"丁"字形，处处显示着"八卦"的神秘。一旦敌人攻破城墙，城内居民可以通过院落间的过道与街坊间的过街楼转移或反击，而呈"丁"字形构造的蛛网式狭窄巷道不仅不利于进攻，而且非常容易迷失方向。

砥洎城远景

城内民居整体布局形成于明代，城内分为 10 个街巷，城墙内的环城道路和街巷间的蛛网小巷将城内民居分隔为大大小小的院落。宅院以独特的比例创造出宜人的空间氛围，加之门窗、外廊、拱柱、封檐、瓦脊等木石构件的精细雕刻，更透出几分古朴与秀雅。城内"张府""师帅府""鸿胪第""张敦仁故居"等皆为名门望族，门额题字流畅厚重，气度不凡。

砥洎城人稠地窄，院宅密集，有的院落上房角楼高起作"望楼"，兼有看家护院的功能。最为绝妙之处在于其院与院之间在厢房或不显眼处留有暗门。街坊内的院落可以互相连通，道路隔开的街坊又有"过街楼"相连。平日各户自成独院，一旦险情发生，则连成一体，并可转入地下。外人看来扑朔迷离，神秘莫测。

在这小小的 3.7 平方千米之地，还分布着大小十余处庙宇，诸神各司其职，庇佑城寨安康，整个城池散发出一种神圣不可侵犯的威严。

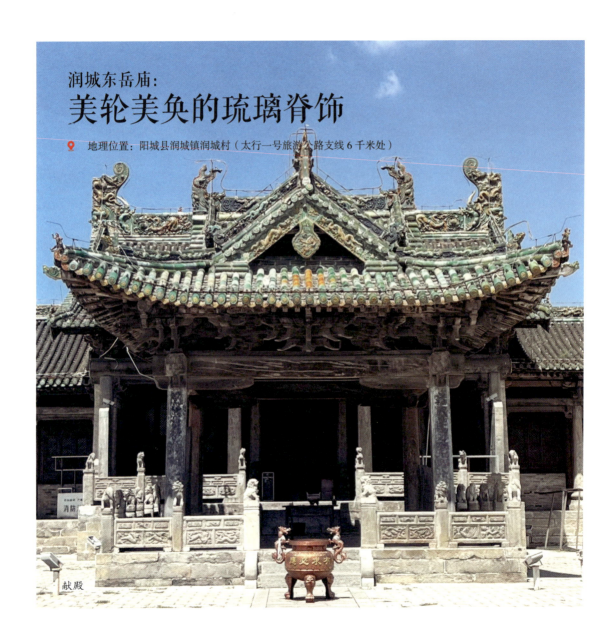

润城东岳庙：
美轮美奂的琉璃脊饰

📍 地理位置：阳城县润城镇润城村（太行一号旅游公路支线 6 千米处）

献殿

润城东岳庙位于阳城县润城镇润城村三门街。整个建筑琉璃脊饰精美，献亭藻井华丽，代表了当时造诣精湛的琉璃与木作技艺。此外，单檐悬山顶的正殿，歇山顶的明代献亭，其石制栏板、望柱之上，除雕刻常见的石狮外，另见石象、望天吼、石猴、麒麟、行龙等瑞兽，样貌灵动可爱，是沁河流域创建最早、规模最大的道教庙宇之一。2006年5月，润城东岳庙被国务院公布为第六批全国重点文物保护单位。

从明万历二年（1574）起，润城村就形成以东岳庙居中，三门街为轴，十二坊分列左右，东西南北四口的城镇格局。古庙创建于大金之前，坐北朝南，占地3600平方米，规模宏伟。整个建筑由庙门、钟鼓楼、过殿、偏殿、东西配殿、舞楼、献殿、正殿、后宫等组成。原有三进院落，现仅存献亭、正殿、后殿，为明清建筑风格。

献殿建筑在一座高约0.5米的青石台基上。台基周围有望柱栏板，栏板上饰有凸起的花卉图案，望柱头上则是狮子、坐象、蹲猴、宝瓶等饰物。台前前后开口，前有垂带踏垛，后通天齐大殿。四柱单间呈正方形的献殿是祭祀时摆放供桌贡品之处，顶部为十字形歇山顶，柱枋式结构，石柱无明显的收分和侧脚。建筑所用斗拱皆为五彩琴面双下昂。除转角斗拱外，每面还置放着三攒补间斗拱，建筑的屋顶结构全靠大角梁和相关斗拱与高高的木枋支撑。在献殿的每个角上都加有抹角梁，其梁头置在两侧的补间斗拱后部的第一翘上。两侧的补间斗拱仅出一向外撇的嘴昂，由此形成的后尾正好把厅内空间分成了八等份，为献殿空间藻井的制作创造了条件，于是建造者在补间斗拱的尾部加装了垂莲柱，并以三翘一耍头斗拱为连接件，建造了一个穹庐形拱顶式的八角形藻井，真可谓别具匠心。

正殿是东岳庙中历史最悠久的建筑，坐落在比献殿台基高出 1 米的台基之上，台基的前沿两侧皆有望柱、栏板围挡。栏板上雕有瑞兽，望柱上雕有象、狮等 8 个瑞兽，与环绕献殿望柱栏板上的 6 个猴、狮遥相呼应。正殿是一座明三暗五的悬山式建筑。正殿前檐被分为 3 间，所用 4 根抹角石檐柱皆有明显的收分，应为宋、金遗物。

后宫所处的位置更高，台基高约 1.2 米，有踏垛五级，并附有垂带。建筑面阔五间，进深六椽，歇山顶，是一座两层的楼阁式建筑。下层前檐后退一廊，为出入通道，两稍间为登楼梯道，上层前设楼廊与左右梯道相连，宽敞方便。整个建筑屋架高耸，廊道宽敞，视野开阔，造型美观，是一个精美的楼阁式建筑。

润城东岳庙现存的三座建筑，不但结构精巧，造型美观，还有一个引人注目的亮点，那就是它们所使用的琉璃。三座建筑的屋顶布满了以黄绿为主，间有孔雀蓝等颜色的各式琉璃饰件，悬鱼惹草，吞吻脊兽，瓦件搏风，个个图案精致，件件色泽艳丽，虽经数百年风侵雨蚀，仍不减当年的华丽风采。它们的存在，充分体现了明代阳城琉璃匠人的高超技艺和成熟稳定的工艺流程，也有力地证明了中国古代建筑工艺在明代的发展、繁荣与兴旺。

木构件

碑刻

藻井

国保古建

沁水

qinshui

GUOBAO GUJIAN

柳氏民居:
柳宗元遗族世居之地

📍 地理位置：沁水县土沃乡西文兴村（太行一号旅游公路沁水段 2 千米处）

柳氏民居

　　沁水县历山脚下的西文兴村，雄踞土岗之上，坐北朝南，远远望去，形若凤凰单展翅。该村四周由起伏的山岭做屏障，环境优美，风光秀丽，是一个以柳姓家族为主聚居的古村落，它以建筑精美的柳氏民居闻名遐迩。2006 年 5 月，柳氏民居被列为第六批全国重点文物保护单位。

　　柳氏民居的先祖，为唐代著名政治家、文学家，河东解州柳宗元的同宗。唐贞元年间，柳宗元因参与王叔文的政治变革遭到贬黜，他的同族为了免受牵连四散逃避，其中的一支便"弃府始徙至沁"，隐居深山，恪守祖训，耕读为本，历经宋元两代，一直不宣门庭。600 多年过去，柳氏后裔之佼佼者柳深于明永乐四年（1406），殿试三甲，考取功名。为光宗耀祖，便大兴土木，选地建宅于西文兴村。到明成化和明嘉靖年间，西文兴第三代族人和第五、六代族人柳骙、柳遇春等，又连连高中进士，不仅为这偏僻的山野小村带来了极大的荣耀，而且自柳遇春起，又不断在村中大兴土木，广置田产，先后历经 28 载，终于建成占地 30 余亩，有 13 个院落的城堡式庄园。

走进西文兴村，两座雄伟高大的"成贤牌坊"矗立在历史的风尘中，这是为颂扬柳遇春和柳骎的功德，于嘉靖二十三年（1544）和嘉靖二十九年（1550）而立的。牌坊上那深厚的"丹桂传芳"和"青云接武"楷书雕刻，向世人昭示着柳氏族人崇文尚武的世代英华。但由于明末战乱和清末柳氏家族的衰败，柳氏民居中的数处古建筑已毁。现保存下来的除此牌坊及文昌阁、关帝庙、魁星楼和两条古街外，仅剩下了7个完整的院落。这几处院落，无论是大院的门头装饰，还是院内的建筑，都闪现着明清民居建筑的高超艺术水准和惊人魅力。

　　在柳氏民居现存的几处院落中，其木雕装饰艺术最为精彩，而且有着极其丰富的内容。每一道门楣、窗棂、栏杆，每一根梁枋、雀替、斗拱，均雕刻着精美的纹饰和图案。其内容既有宫式建筑中常用的龙、狮子、麒麟、蝙蝠和荷莲、牡丹等，又有民间建筑常有的果品、花瓶、笔筒等民俗用品，其中仅窗花图案就达40余种，而且每一幅图案都运用了喻事和谐音的表现手法，其文化蕴涵之丰富，雕刻之精细，令人目不暇接，惊叹不已。

柳宗元塑像

柱础　　　　　　　　　　　　　　　　　　　石狮

　　柳氏民居的石雕艺术也是美妙绝伦。它主要表现在大门和牌坊两侧的石狮子及石柱础上。在"司马第""行邀天宠"等几处院落的大门前，都雕有青石狮子。狮子的耳朵均为元宝形，其头、身、腿雕刻得极为均匀，形象生动，活泼可爱。而最珍贵的是雕刻在"成贤牌坊"下两旁的砂石狮子，建筑专家称其是"教化狮子"，寓意古代知识分子步入仕途的人生经历，告诫柳氏后人要谦虚待人，谨慎处世，饱览经书，才有光辉的前途。民居内的石柱础雕刻主要以狮头、蝶花、龙头、蝙蝠、葵花、祥云等内容为主，做工十分考究。

　　西文兴作为历史文化名人柳宗元后裔的居住地，明清时期由于人才辈出，因此荟萃的名人书画、题刻碑碣十分丰富。那些砌筑于墙壁上的格言、古训、箴言、图画，不仅有南宋著名理学家朱熹，明代书画家文徵明、哲学家王阳明和政治家王国光等历史名人的书法碑刻，更让人称绝的还有两通唐代"画圣"吴道子的图刻《圣贤十哲图》画碑。

　　随着岁月的流逝，昔日柳家的辉煌已成为历史。虽然柳宗元的后裔们渐变为普通的山民，但民居中镶刻于墙壁的古训、箴言却还在警示着后人，这不仅是柳氏家族历代长辈作为训诫后辈的家规，就是在今天，对我们教育后人也有着重要的借鉴和启迪。

窦庄古建筑群:
防御典范——沁河第一古堡

地理位置:沁水县嘉峰镇窦庄村(太行一号旅游公路沁水段 5 千米处)

尚书府门楼

保存完整的明清院落

　　乡语传曰："天下景，有苏杭；天下庄，属窦庄。"

　　在沁水县城东南部沁河河畔，有一处典型的防御性古堡类建筑群。它神秘、厚重，却又充满灵性，不张扬、不喧哗，静静地坚守在沁河岸边，这就是窦庄古堡。

　　窦庄是个不大的村子，三面环水，一面靠山，地势较为平坦。这里古迹独特，民居典雅，处处沉淀着深厚的历史文化底蕴。2006 年 5 月，窦庄古建筑群被国务院公布为第六批全国重点文物保护单位。

贾家门楼砖匾　　　　　　　　　　　精美砖雕

　　窦庄是一个以窦氏、张氏、贾氏、常氏等家族为主的聚居古村落。最初是以窦氏家族聚居，根据《窦氏家谱》附考记载，北宋天圣六年（1028），窦氏从陕西扶风迁居于此，兴建窦氏宅院，世代尚武、名将辈出的窦氏人在此安居乐业。经过千年沧桑变化，那时的窦府已无迹可寻，只有窦氏祠堂遗留下的几块木匾碑位，记录着窦家曾经的辉煌。

　　现存的窦庄古城，为明朝天启年间大理寺卿、兵部尚书张五典所修。张氏在元末迁入窦庄，在明朝兴起，以耕读发家，渐入仕途，人才辈出，替代窦氏荣耀乡里。现存古建筑群是在宋代窦氏老宅的基础上，以校场为中心修建的，占地面积约4万平方米，80%保存完好，除大量民宅外，还有庙宇、楼阁、祠堂、书房、校场、法庭、地牢、城墙、城门楼、牌坊、店铺和大量的碑刻等。除佛庙主殿及配殿为元代遗构，其他多为明、清建筑。

　　防御功能是窦庄村的重要特色之一。其显著特点是"堡中有堡""九门九关"的防御体系。窦庄城堡在东、南、西、北四方各建大小堡门和堡楼，共为八门，再加上瓮城门，故称"九门九关"。城堡墙高三丈五尺，墙面垂直平滑，不易攀登；墙垛高约五尺，墙厚五尺，坚实牢固，登堡门可环堡墙通行。堡墙内侧设藏兵洞，

古村民居

可供守城兵丁临时休息或躲避枪箭。四方城头设有箭孔、炮台等防御设施。城墙四角皆筑有五层高楼，上层四面开窗，视野开阔，登高巡视，来犯之敌无处遁形。明末农民起义军屡次侵犯窦庄，当时庄内并无重兵把守，仅凭张铨之妻霍夫人率庄中民众奋起自卫，就使起义军望城兴叹，知难而退，所以窦庄城被皇家旌表为"夫人城"。现在只保存有堡墙 500 余米（北堡墙及西堡墙），南堡门一座，小北门一座。

  体现防御功能的还有街巷和民居群落。村内的道路纵横交错，呈网状格局，纵向道路为东南至西北走向，横向道路则基本与之直角相交，但纵横道路并非通常的十字相交，而是大多相交成"丁"字形，不至于使村中道路处处通透，一览无余。街道一般在 3.5～5 米，巷道 1.6～2.4 米，街道两旁多为 8 米以上的建筑，这种高墙窄巷，有欲扬先抑的效果，使格局更富于层次性，还使进入其中的敌人难以分辨方向，有利于防御。村内的民居群落各成体系，大门可入院堂，可通街巷，入巷即可登城；各院落在暗处设有小门，多个院落又相互连通，真正的"一门通百户，百门串遍村"。每座建筑单体坚实牢固，表面看多为两层建体，其实很多房屋都有地下室，用于藏物、藏身。每处建筑群落又根据院落的多少、人口的众寡，或三座或五座，建有碉堡、碉楼，这些碉楼属各群落的公共建筑，平时无人居住，只供战乱时藏匿贵重物品或民众进入藏身防守。所以说，来犯之敌攻入城内，也是步步维艰，处处遇险。

  正是窦庄如此精妙的设计，成为明清时期沁河流域村落古堡的典范之作，故有"天下庄，数窦庄"的民谚。

郭壁村古建筑群：
北方商贸集镇的活化石

📍 地理位置：沁水县嘉峰镇郭壁村（太行一号旅游公路沁水段 5 千米处）

郭壁古村

韩范进士第

郭壁村位于沁水县东南 40 千米处的沁河西岸，村落依山势而建，背山面河。古为沁河的一个重要渡口，是明清时期的商贸重镇。其古城坝明朗可辨，古渡码头原址尚存，铺着石板的古驿道穿村而过。昔日的城郭遗迹、古朴的民居、恢宏的寺庙等古建筑，充满了江南的风韵和水乡的情趣。2006 年 5 月，郭壁村古建筑群被列为第六批全国重点文物保护单位。

从建筑体量上看，郭壁村现存古建筑面积 3 万多平方米，明清宅院 90 多座，3400 多间，窑洞数百孔，庙宇 7 座，阁楼 10 座，进士宅院 13 处，祠堂 2 处。郭壁村的建筑类型非常丰富，有民居、寺庙、祠堂、阁楼、城堡、店铺等多种，集居住、商贸、文化、防御、祭祀等建筑于一体。这些建筑依山而建，高低错落，绵延起伏，层层叠叠，十分壮观，是非常珍贵的历史实证和文化遗产。

作为封建社会乱世中的产物，郭壁村又是典型的防御性城堡。村内划分的众多区域之间，分别通过内门楼或过街门楼分成若干个互相联系而又相对独立的街区。这些街区均以"坊"或"里"命名，如现存的"宁远坊""三槐里"等，仍保持着当年的格局。时过境迁，今人把郭壁分为南北，称为郭北、郭南，但它们自古以来就有着不可分割的血脉联系。

府君庙　　　　　　　　　　　　　　　　　　　青缃里

　　郭壁村现存的明清大院为典型的北方风格，大都是二、三层的四合院布局。比较起来，郭北民居与古街保存相对完好，不仅气势恢宏，而且风韵独特。许多名门大院外观豪华绚丽，门楼、外墙和门内照壁均装饰有精美的砖雕、木雕和石雕。有的门楼外侧还保存着"忠""孝"二字的精美照壁，而且多数门楼上都有石刻或木制的门匾，题为"进士第""大中第"等居多，甚至有些还刻有当年房主人历任官职的名称，身临其境，很容易让人想到当年古村的显赫和繁华。

　　村内有名的大院为"青缃里"，称其为堡中之堡。它耸立在村西北的最高处，是陕西、山东按察司兵备道王纪的府第。其高大的围墙、庄严的门楼、幽静的小街，显得古风犹存、错落有致，很有曲径通幽之感。城堡中的宅院都冠以"广心苑""乐善居""给练第"等雅致的名字，只可惜不少院落已人去楼空、苍凉静寂。只有那高大的门楼和厚重的墙壁依旧耸立苍穹，似乎在向人们述说着它往日的辉煌和不平的遭遇。

　　令人惊叹的是，在郭壁村南的高坡上，建有一座巍峨的"行宫"，在其后的山坡上建有专供皇帝祭天的"岱

舞楼

庙"。传说清乾隆帝外巡时曾下榻于此,并到岱庙上香祭祀苍天。虽然对此还没有确切考证,但此建筑形制却给古镇蒙上了一层传奇色彩。

郭壁南保存最为完好的大型古建筑为崔府君庙。该庙创建于北宋元丰八年(1085),明清两代曾重修。崔府君庙现存有大殿、献殿、钟鼓楼、舞楼等建筑。其中舞楼为元代的典型建筑,呈方形,为单檐歇山顶,内部梁架结构系八卦藻井,屋顶为琉璃瓦脊兽,显得古朴雅致,玲珑别致。据说是我国现在仅存的几座元代古舞楼之一。

明清时期,郭壁村是沁河岸畔的商贸重镇,为当时的经济社会发展作出了贡献。如今,它留给我们的是一笔宝贵的物质和非物质文化遗产,它所保存下来的乡土建筑、民俗文化和传统艺术,是一部千姿百态、异彩纷呈、文化厚重的史书,它的一椽一木、一砖一瓦,都是中华文明的具体体现。

湘峪古堡:
中国北方乡村第一明代古城堡

📍 地理位置：沁水县郑村镇湘峪村（太行一号旅游公路支线 3 千米处）

湘峪古堡

湘峪古堡位于沁水县郑村镇湘峪村河谷北侧的山坡上，河水紧贴着石壁和陡坡，一如天然护城河。远望去，屋依着城，城偎着山，粗犷雄伟，虽历经 400 余年的岁月洗礼，依旧保存完整。堡内有精美绝伦的木雕、砖雕、石雕和国内罕见的明代高层建筑，享有"中国北方乡村第一明代古城堡"的美誉。2006 年 5 月，湘峪古堡被公布为第六批全国重点文物保护单位。

湘峪，原名相谷，是明代户部尚书孙居相及其弟孙可相、孙鼎相、孙立相的故里。湘峪古堡由孙居相、孙鼎相兄弟主持修建，建于明天启三年（1623），竣工于明崇祯七年（1634）。古堡东西长 280 米，南北宽 100 至 150 米，是一座集军事防御、古堡民居等功能于一体的中西合璧的城堡式建筑。

湘峪古堡一角

城墙的防御部分有：护城河以及墙体的结构主体，城门楼、角楼、帅府院等观察指挥场所，以及藏兵窑洞等。其中"兵洞连城"，将日常的居住和战时的防御融为一体，为现代学者所惊叹。湘峪古堡城墙的建筑材料因地制宜，就地取材，主要包括土、石、砖等。坚固的城墙结构、完备的防御设施以及险峻的地势，完美诠释了古代城墙的建造技术和防御功能。堡内建筑规划布局紧凑，凝练简约，部分建筑带有中西文化交融的味道，村中古民居仍保留着明代建筑的原貌，颇具古风。

湘峪古堡牌坊

湘峪古堡一隅

　　湘峪古堡布局为棋盘式，分内、外两城，内城主要环绕村中民居，外城墙则依山势而建，古堡有东门、南门、西门三座城门。古堡前是一条水波荡漾的护城河，挨着护城河的是一个宽阔的广场，一座拱桥跨过护城河通向古堡。堡内民宅鳞次栉比，错落有致。站在远处眺望，可以看到城墙和城内房屋上的拱形窗孔密密麻麻，犹如蜂窝，被称为"蜂窝城"，是湘峪古堡的特色之一。

瞭望楼

　　湘峪古堡最具特色的标志性建筑便是"三都堂"。
这不仅仅体现了其主人孙鼎相在村民心中的地位，　更
重要的是建筑本身的独特性。"三都堂"的正房曰"瞭
望楼"，俗称"看家楼"，共五层，高约20米，面阔三间，
以条石为基，条石上通体青砖砌筑，硬山楼顶，覆以
灰瓦，巍峨耸立、雄伟壮观。它的外墙极具艺术性的
垂花门式砖雕装饰拱形楼门及窗子，简洁大方，同时
这种砖雕也是湘峪民居建筑的一大特色。

双插花院

    "双插花院"是湘峪古堡又一座很有特点的院落，位于古城的西部，北靠中街，西接帅府，南临南街，院落主轴为南北向，由两进院落组成。大门上方刻有精美绝伦的图案，后院主房即为插花楼，正房三间三层，东耳房一间四层，西耳房两间三层，仿佛双塔矗立楼边，与科举时代探花郎纱帽一侧一朵花、一侧两朵花的典故不谋而合，故名双插花楼。该院落以砖雕木刻为主，质朴传神，大巧若拙，有着浓厚的乡土特色。

    在湘峪古堡内，不仅可以了解具有典型明代特色的建筑，感受那个时代的风貌，更可以领略孙氏家族为后世留下的文化瑰宝，感受孙氏家风的魅力。

湘峪古堡全景

国保古建

GUOBAO GUJIAN

高平

gaoping

二郎庙：
现存最早的金代舞楼

地理位置：高平市寺庄镇王报村（太行一号旅游公路高平段 2 千米处）

二郎庙戏台

二郎庙位于高平市西北 10 千米处的寺庄镇王报村北，距太行一号旅游公路南约 1 千米。二郎庙之所以远近闻名，皆因庙内有一座建于金大定二十三年（1183）的舞楼，为我国迄今为止发现的现存最早的戏剧舞台。2006 年 5 月，二郎庙被国务院公布为第六批全国重点文物保护单位。

二郎庙是一处保存较完整的道教建筑群，庙内共保存金代建筑 1 座，清代建筑 14 座。该庙正殿供奉二郎神；东配殿供奉五瘟神，为免瘟祛病之供奉；西配殿供奉送子娘娘（当地俗称四大大、四奶奶）。

二郎庙坐北朝南，单进院落，中轴线上，自南而北依次排列舞楼、献殿、正殿。舞楼两侧为东西掖门、垛殿、角楼，一字并列，正殿两侧各建耳殿三间，院内东西廊屋各十间，廊屋北部东西对称各建有配殿一座。正殿面阔三间，进深六椽，献殿面阔三间，进深四椽，均为清代遗构，献殿中央还摆放有明万历九年（1581）石雕供桌一张。

舞楼位于献殿南约 15 米处，山门的西侧，在整个庙宇四合院的倒座位置上。舞楼采用金代重要建筑所惯用的须弥座式台基，是一间亭榭式建筑。舞台单开间，平面为方形，宽 5 米，进深 5 米。台基呈方形，宽 7 米，侧宽 6 米，高 1.4 米，四角立柱为粗大的圆木石对柱，通高 3 米，柱侧脚收分明显。其中圆木柱高 2.5 米，圆石柱露明部分高 0.5 米，斗拱的立面高度仅有 0.6 米，为柱高的 1/5。单檐歇山顶，山面透空，举折平缓。舞楼檐下，大额枋比较宽厚，不用阑额，而在柱头上横穿一替木用以承重。

大额枋和替木都伸出柱外，断面垂直截去，无任何雕饰。撩檐桁下施通枋，枋下每面斗拱四攒，为四铺作单下真昂，琴面，昂身较短，昂嘴略近扁平。拱面不抹斜。所用皆真华头子，耍头也作昂形。四转角斗拱皆三缝，出45度由昂、斜昂，正、侧面耍头则为蚂蚱头。其梁架部分，正脊是南北向的，所以山花向前，与金墓舞台模型相似。梁架部分的脊榑、采金、老角梁、仔角梁、抹角梁等，为自然直材，木质坚硬耐用。木构件的结合方式为常用的简洁方式。整座舞楼从形制、构件及营造方式上都与宋代官方颁布的《营造法式》中的规定基本相符。

正殿檐前木雕

雕梁画栋

舞楼台基刻有铭文

　　更为重要的是在台基右下方束腰石板（126 厘米 ×32 厘米）上刻有铭文："峕大定二十三年岁次癸卯仲秋十有三日，石匠赵显赵志刊。"石板左上角还刻有"博士李皋"四字。这就告诉我们这座舞楼是在金世宗大定二十三年（1183）创建的，是我国现存最早的神庙舞楼。

　　尽管经历了历史洗刷，但王报村二郎庙仍以原有的风格展现于世。其建筑结构简洁，造型优美，表现出设计者独具匠心的智慧，是研究宋、金时代舞楼建筑的珍贵实物资料，具有较高的史学、科学和艺术等方面的研究价值。

（李 琳）

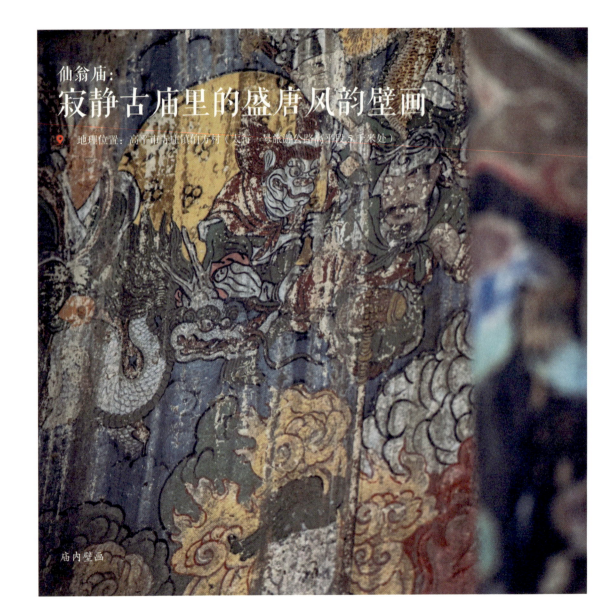

仙翁庙：
寂静古庙里的盛唐风韵壁画

📍 地理位置：高平市寺庄镇伯方村（太行一号旅游公路高平段 5 千米处）

庙内壁画

张果老祠

　　仙翁庙位于高平市寺庄镇伯方村中，坐北朝南，占地面积 2122 平方米。创建年代不详，据碑文记载，元、明、清均有重修，现存建筑为明清风格。仙翁庙因供奉八仙之首张果老而得名，于村东北土岗之上南向临村而建，建筑以形似皇宫的独特风格而久享盛名。2013 年 3 月，仙翁庙被国务院公布为第七批全国重点文物保护单位。

　　仙翁庙现存正殿为明代遗构，其余皆为清代重建。仙翁庙历史久远，文化厚重，现存建筑完整。前部为山门，两层楼阁，中央开门洞，上面出抱厦，内侧为倒座戏台。两侧分别有歇山顶、钟鼓楼各一座，外侧连建有廊房和角楼，是一处壮观的建筑群。走进山门，庭院内豁然开朗，迎门有聚仙楼，连接长廊将庙院隔为东西院，经廊而上至大拜厅，可见正面仙翁大殿五间。左右两侧有角殿，东西两面有配殿。阶下两院延接东西厢房各九间，整体建筑规模宏大，布局严谨，其廊柱林立危楼高耸之状酷似皇家宫殿。

仙翁庙砖雕

仙翁殿于明嘉靖十七年（1538）曾大举重修。殿身面阔五间，进深六椽，悬山式屋顶，筒板布瓦屋坡。其琉璃脊饰龙、凤、花卉、力士等，雕刻精细，制作精良，比例和谐，色调纯美，堪称明代琉璃制品之佳作。殿前施通长大额枋，上设计拱承托屋檐，六椽栿通达前后椽外。梁架简洁规整，犹存元制。柱头镂空雕刻、椽下斗拱彩绘为民国年间重绘。方形柱础，前椽隔扇。仙翁庙共有神殿十座，正面仙翁殿供奉张果老，东角殿奉三教始祖如来、老子及孔子；西角殿奉三国桃园兄弟之张关二君；东上配殿奉牛王马王；东正配殿奉王叔和、华佗、孙思邈、张仲景、李时珍五位历代名医；西上配殿奉冲淑、冲惠二仙姑；西正配殿和下院西殿供奉十殿阎君；南面东殿奉观音大士；前面正面阅台上奉福禄寿三星，示意三星高照。

仙翁殿内具有历史和艺术价值的珍贵宝物就是东、西、北三面内壁上的古代大型壁画，幅面约170平方米，出现人物125位，人物形体与真人大小等同。壁画保存相对完好，色彩鲜明，为明代壁画精品。北面壁画是《道教朝元图》，大都以描述张果老的故事为主题，既有张果老出山修道之场景，也有骑驴云游天下的洒然形象。东西两侧壁画就是惊现于世的《唐玄宗泰山封禅图》。壁画以玄宗为中心，主大从小，人物穿插得当，唐玄宗风度翩翩，侍女簇拥，文武官吏相随，西壁玄宗略显消瘦，有风尘仆仆之感；东壁玄宗神采奕奕，容光焕发。研究者认为这是玄宗两次封禅不同时间、不同体貌的真实表现。

据庙内碑文记载，唐玄宗曾经在上党任潞州别驾，在此逗留三年之久，特别信奉道教，张果老曾在伯方修行，唐玄宗也曾多次到此地拜访，后为他建此庙。后来唐玄宗三次封禅都途经上党，唐《开元传信记》明确记载："上封泰山回，车驾次上党，路之父老，负担壶浆，远近迎谒。"

仙翁庙壁画

　　在仙翁庙东侧有一座修建在高台上现已荒废的庙宇，台下辟有门洞可通车马，应是旧日伯方村的北门。庙里有一碑，上书"省冤谷"，相传是唐玄宗李隆基所题。李隆基称帝后前往泰山封禅时途经这里，但见虽经千年风雨洗礼，古战场上仍然白骨累累，阴风阵阵，于是筑庙以镇压杀气，并做法事超度。依此推断，在其封禅的路线上修建供奉神仙张果老的庙宇并绘制自己封禅时的场景是合乎情理的。　　　　　　　（李　琳）

羊头山石窟：
深藏大山里的佛教瑰宝

📍 地理位置：高平市神农镇李家庄村（太行一号旅游公路高平段 5 千米处）

羊头山石窟

石窟佛像

羊头山亦称首阳山，地处长子、长治、高平三县（市）的交界处，有"山高千余丈，磅礴数十里"之美誉。羊头山的地质环境比较特殊，山上没有大面积裸露的陡直岩面，而是有许多的类似小山包的沙石岩体，分布在半山腰至山顶之间。羊头山石窟造像正是利用这些突起的岩体进行开凿的，有的在山巅、有的在山腰，有的为窟、有的为龛，是羊头山历史遗存中的精华部分。2006年5月，羊头山石窟由国务院公布为第六批全国重点文物保护单位。

羊头山石窟始建于北魏太和年间，北齐隋唐各代屡有增建，根据营造的年代和艺术手法不同大致分为四期：北魏孝文帝太和晚期至宣武帝景明初，即公元499年前后；北魏晚期（约516—534）；北齐、隋；唐高宗时代到唐玄宗时期。

山腰至山顶共计有40余个洞窟，雕凿于大型的砂岩上，洞窟大小不一，平面多为方形，一般为一石一窟，个别有一石二窟或三窟不等。石刻造像可分为 9 个区，较大窟、龛有 22 个，小型佛龛 80 多个，千佛碑一通，都是北魏至唐代的造像。

主峰极顶，是第一区，有塔两处，佛龛一区。龛为 3 块巨石叠成，下为卧羊，中为佛龛，上为瓦陇式屋顶。龛内佛像跏趺而坐，面貌衣饰都是北魏风格。

西南山巅为第二区"八十八佛"窟，分上、下两层。前窟南向，门外二金刚侍立，窟内正面为一佛二菩萨，佛像端坐，菩萨侍立，四周雕有佛龛 87 个，里面各有一佛，都是坐式，连同主佛 88 尊，称为"八十八窟"佛。这个区内，石刻造像均为北齐、隋代作品。

第三区为千佛洞，位于半山腰，窟内方形，四面小佛龛满壁，近千尊，故称千佛洞。这里的雕像都是唐代风格。第四区为方塔窟区，第五区为圆塔窟区，第六区为宝龛窟区，第七区为大石窟龛区，第八区为佛山区，第九区为唐代龛区。这些石窟龛内，雕像大都肌肉健美，衣饰得体，艺术价值很高。其中第六区石窟内龛面整齐，四面满雕佛像，或一佛二弟子或一佛二菩萨，洞外有许多小龛，有佛、菩萨、天王、力士、供养人等，形制各异，雕工精细。另外，山腰至山顶有千佛造像碑一通，唐制石塔 6 座，高 4 ~ 6 米不等，山顶四面造像塔形制独特，为北魏所造，塔座伏羊状，为全国罕见，是研究古代佛教的重要实物。

北魏孝文帝太和十七年（493）由平城率军南征迁都，就是经羊头山一带而抵洛阳的。迁都洛阳后，北魏官员经常冬居洛阳，夏还平城，频繁往来于两京地区，晋东南正是这一交通线的重要中转站，因而羊头山石窟兼具云冈石窟和龙门石窟的特点。这些建造于北魏至隋唐年间的石窟、石塔、造像碑，奠定了羊头山在中国建筑史上的地位，堪称国之瑰宝。

石窟组图

古中庙：
罕见精美的元代无梁殿

📍 地理位置：高平市神农镇中庙村（太行一号旅游公路高平段 1 千米处）

无梁殿侧面

木构建

古中庙也称炎帝中庙，位于高平市神农镇中庙村。

神农炎帝作为华夏农耕文明的缔造者，对中华民族的生存繁衍和发展作出了重要贡献，和黄帝轩辕氏一起，被尊为华夏民族的人文始祖，受到普天下炎黄子孙的钦敬。作为神农炎帝故里，高平与神农炎帝有关的历史遗存数量庞大，而坐落在神农镇中庙村的炎帝中庙尤为引人注目。2006年5月，古中庙被列为第六批全国重点文物保护单位。

古中庙坐北朝南，建筑宏伟，东西宽41米，南北长654米，占地面积2655平方米。在其中轴线上分列着山门、太子殿、正殿，下院建有舞台、文昌楼、禅房等。该庙创建年代不详，元、明、清历代修缮，现存无梁殿为元代建筑，其余皆为清代风格。

从正门一眼望过去，可以看到整体建筑分前、中、后三院，排列有序，错落有致。庙的西南角是原先的正门，门上横额"炎帝中庙"依旧清晰可见，为明天启二年（1622）维修时所立。清道光十年（1830），因庙的门水不合，故将大门移修于中。正门两侧浮雕是神荼和郁垒两位门神。正南门旁边有通石碑，为清道光十年（1830）七月所立，记载了当时炎帝正殿破败不堪，众人协力修建之事。

院中央是元代建造的无梁殿，整体结构精巧，可谓独树一帜。

殿顶用木质藻井支撑，只有柱枋和斗拱构接而成，没有一根房梁，这就是"无梁殿"得名的原因。整个建筑最精华部分是殿顶的藻井，呈八角形状，中间悬挂着垂莲柱，柱子的头部斗拱作五铺，在柱子的底部用方形的素面做基础，用隔扇装饰起来。在垂莲柱上方还有斗拱来承托脊槫，这是元代的垂花构建，质地朴素简单。

殿内东墙嵌有一碑，元至正二十一年（1361）所立，碑额为"创建神农太子祠并子孙殿志"，其碑云："羊头山故有神农氏祠，环山居民岁时奉祀。"说的就是在羊头山祭祀神农炎帝的庙宇古来有之，每年羊头山周围的居民都会来这里祭祀炎帝，以祈祷风调雨顺，五谷丰登。

据载，炎帝中庙在元、明和清代均重修过，元代以前有的碑刻因字迹风化无法辨认。庙院墙上的一些碑刻记载了重修时开封府、西安府等几十个州县所捐银两，足见炎帝中庙当时知名度极高，香火极盛，誉满中原。

穿过无梁殿，来到后院正殿。其为清代遗构，建在高 1.2 米的台基上，面阔三间，进深五椽，单檐悬山式屋顶，筒板布瓦盖顶，琉璃脊饰，柱头斗拱五踩双昂。殿内高台上供奉的是先祖——九代炎帝。正殿和无梁殿最大的不同就是有两根粗壮硕大的房梁，梁上雕刻的金龙图案历经百年，依然栩栩如生，

这是因为这些金龙在当时都是由纯金打造的，规格之高，实乃皇家气势。

古中庙是全国为数不多的祭祀炎帝的古庙之一，古今志书、史料典籍均有记载，因此，具有珍贵的文物价值，同时也是研究中国古代史的重要实物。

无梁殿

团东清化寺:
千年古寺 古韵悠悠

📍 地理位置：高平市神农镇团池村（太行一号旅游公路高平段）

清化寺位于高平市神农镇境内，有上、中、下之分，上清化寺即《羊头山新记》中所说的清化寺，在羊头山东南 750 米处；中清化寺又名六名寺，位于羊头山山脚中段；下清化寺就是团东清化寺。上、中、下清化寺皆为佛寺，而且都与炎帝神农的传说有关。

团东清化寺是一处保存较完整的古建筑群，具有较高的历史价值，是研究古代建筑史的重要实物资料。2019 年 10 月，该寺被公布为第八批全国重点文物保护单位。

如来殿

据寺内原有残碑记载，清化寺下寺创建于唐代，元明均有重修。整个建筑群依地势而建，北高南低，布局对称，体量宏大。

古寺坐北朝南，四进院落，东西宽 40 米，南北长 100 米，占地面积 4000 平方米，殿阁高低有序，显得别致美观。中轴线上有山门、天王殿、如来殿、三佛殿、七佛殿，两侧有钟鼓楼、东西配殿、禅房、祖师殿、水陆殿，三佛殿旁各有禅院一所。

第一院有山门、东西钟鼓楼、天王殿。

第二院有如来殿，东西有罗汉、地藏二殿，又有夫子、观音二殿。殿旁为东西厢房。如来殿为元代建筑，石砌台基，基高 1 米，面阔三间，进深六椽，单檐歇山九脊顶，筒板布瓦屋面，琉璃脊饰，四椽栿对乳栿通檐用三柱。柱头斗拱四铺作单下昂，柱底素面方形柱础，前檐明间辟板门，两次间设棂窗。

第三院有三佛殿，东西有两禅房。三佛殿建在高约 2 米的石砌高台上，坐北面南，前后檐均辟门，面阔三间，进深七椽，高 11 米，悬山灰瓦琉璃菱形顶，琉璃脊饰剪边。梁架结构为前单步梁对中五架梁接后双步梁，通檐用四柱，台明为元代遗物，前檐台帮上除压沿石外其余每块条石间都设丁砌石连构。

第四院有七佛殿，所处地势较高，殿阁错落，东西有祖神、水陆两殿相配。七佛殿坐落于约 1 米高的石砌台基上，坐北面南，面阔五间，进深两间，高约 10 米。台基为须弥座式，束腰部分设十块丁砌石连构，每侧中部有三块高浮雕狮头，正中一块狮头有壁体向外微微探出，神情羞涩，两侧狮头则向中部观望，看上去确实有金元时期的风格。在右前部的束腰部分发现有题记，隐约可辨"泰定二年六月……"泰定二年应为公元 1325 年，可以认为这一石台基应是 1325 年的旧物。

同处神农镇一地的羊头山神农庙内现存一通唐天授二年（691）的"泽州高平县羊头山清化寺碑"，言神农尝百草教民稼穑事，想来此寺是追慕神农并结合当时流行于世的佛教信仰而建，以求教化世人清雅高洁。

梁架结构

高平嘉祥寺：
斗箕二星耀柏冠

📍 地理位置：高平市三甲镇赤祥村（太行一号旅游公路高平段 2 千米处）

嘉祥寺全景

嘉祥寺入口

嘉祥寺位于高平市三甲镇赤祥村西，坐北朝南，占地面积 1620 平方米。创建年代不详，据庙内碑文记载，五代后周广顺三年（953）已建有寺庙，宋、元、明、清均有重修，现存建筑中，前殿为清代遗构，中殿为金代遗构，后殿为元代遗构，余皆为明清建筑。2013 年 3 月，高平嘉祥寺被列为第七批全国重点文物保护单位。

嘉祥寺坐落于赤祥村西隅，由"寺为降祥之区，而村为受祥之地，昔人命名期于休祥洊之，永庇斯民意良善"而得名。

建寺之初至明天顺年间（1457—1464）仅有三佛殿前两院，布局为两进院落，明成化年间，三大殿进行了重修，并在三佛殿后增修了七佛殿、十王殿、阎罗殿，形成三进院落的格局。清乾隆二十八年（1763）至清乾隆三十四年（1769），历时 6 年，将各殿宇进行了大规模维修，又增修了高楼 3 间（藏经楼）、平房 4 间（现存高楼院北房）。清乾隆五十六年（1791），寺院再次维修，在寺西增修了"西林书院"（现无存）。当时的嘉祥寺"规模广阔、周廊回转、委曲深邃。中殿三佛、后殿七佛、转佛殿大佛、南殿观音大士。各殿宇鸳瓦坚牢、垣壁整齐、画彩增辉、佛像光焰闪灼"。由碑句"四方善人君子游观此地者，咸以杭之灵隐、苏之寒山拟其盛景"可知，其可与杭州灵隐寺、苏州寒山寺媲美。

现存主建筑有南殿，进深三檩，排间三间，东西有钟鼓楼各两间，出厦木结构，多次改修，原建筑形制已无考。转佛殿面阔三间，进深六椽，单檐歇山顶，筒板布瓦，琉璃脊饰。三佛殿面阔五间，进深六椽，筒板布瓦，琉璃脊饰。偏院现存僧房五间和三层结构的藏经楼，多次改修，已不复原建筑形制。前院现存经幢两通，一刻"佛顶尊胜陀罗尼经"，一刻"佛说阿弥陀经"，建于后周广顺三年（953）。

与经幢对应的是两棵古柏，属常绿乔木科侧柏树种，树干两围可及，粗壮挺拔，树冠叶茂苍翠，冠型分别呈"斗""箕"之状。传说，赵国老将廉颇被赵括接替将位，回都途中路经赤祥，他为赵括没有实战经验并要改变以守为攻的战略而生气，在地上跺了两脚出现了两个坑，就让随从找来两树苗栽在坑里，后人围树建起了寺院。随着树苗逐渐成长，两树冠形成东"斗"西"箕"之势，非常逼真，后来的住持编了一副对联："箕搧糟粕留其嘉，斗积精英国呈祥"，巧妙地把"嘉祥"嵌于联中。 （三甲文化）

斗拱

大角梁

影壁墙

开化寺：
壁画版《清明上河图》

📍 地理位置：高平市陈区镇王村村（太行一号旅游公路高平段）

　　开化寺又称开化禅寺，位于高平市东北 17.5 千米处的舍利山腰，周围青山环绕，寺院楼阁耸峙，是一个环境幽静、景色清雅的礼佛修行之地。据记载，寺院创建于北齐武平二年（571），唐昭宗龙纪、大顺时逐渐兴盛，宋熙宁年间（1068—1077）曾有过大的重建工程，现存最早的大雄宝殿便是当年的遗物。该寺不但建筑古老，还保存了当时的梁架彩画。更为惊人的是，在这座大殿里，竟然还保存着近千年前的佛寺壁画。2001 年 6 月，开化寺由国务院公布为第五批全国重点文物保护单位。

开化寺

开化寺壁画组图

开化寺大雄宝殿的壁画是在建筑完工后开始绘制的，现存壁画（包括大小拱眼壁）共有 88.68 平方米。据殿内北壁西侧土墙及石柱上的题记记载，西壁及北壁西侧的壁画完稿于宋绍圣三年（1096）十一月初六日，来年春天上的彩，画匠的名字叫郭发。东壁及北壁东侧的壁画虽然出自另一位画匠之手，但东西两侧应是同一时期的作品。

关于壁画目前可以分辨的内容，东壁南起第一幅为兜率天宫会，第二幅为普光法堂会，第三幅为重会普光法堂，第四幅为三重会普光法堂。西壁南起为须阇提太子本生经变，中间有三个内容，其一为忍辱太子本生，其二为华色比丘尼经变，其三为转轮王舍身供佛本生。北部为善事太子本生与光明王舍头本生。北壁东侧为观世音菩萨法会，西侧为鹿女本生与均提童子得道经变。开化寺壁画无论形象塑造、构图布局、用笔着彩都具有明显的时代特征，被专家们视为宋代寺观壁画的佳作精品。画中的经变故事虽然是依照佛经经文作画，但画师反映的却是当时社会的现实景象。

开化寺的壁画固然精彩，但开化寺的建筑也绝非一般。开化寺现存建筑为一座前后两进、东西两跨的院落群体，主体建筑坐北朝南，坐落在山坳西侧的高地上。走进寺院，沿中轴线由南向北，分别坐落着大悲阁、大雄宝殿、后大殿以及东西配殿、延宾舍、讲经堂、维摩净室、观音阁、钟鼓楼等建筑。

大雄宝殿

开化寺现存最早的建筑是大雄宝殿，该建筑建造于宋熙宁六年（1073），深、宽各三间，歇山式屋顶，施以"青混瓦"，前后檐明间开门，前檐次间为破子棂窗，檐下斗拱五铺作，单杪单下昂，斗拱后尾，在华拱之上施硕大的楷头，压在昂尾之下，这种作法开了后世华楔之先例。四檐对乳栿通檐用三柱，梁架结构全部宋制，殿内梁架斗拱上的彩绘古钱纹、海石榴、龙牙惠草等，与宋《营造法式》中的彩画作纹样极为一致，是我国古代建筑中保存最完整的宋代彩绘图案。

大悲阁是开化寺最高的建筑，现存建筑虽然为明代建筑，但它出现的时期或许和大雄宝殿一样早。大悲阁平面呈正方形，是一座两层楼阁重出檐的歇山式建筑。下层四周用砖砌墙，四根立柱贯通上下，楼下为山门，仅有一砖券的拱形门，砖墙上设檐柱，形成二层的回廊。从建筑的构架和斗拱的作法来看，大悲阁应是明代的作品。

在开化寺，还有一座建筑值得一看，那就是后院东北角的东翼楼。这是一座移柱造的古建筑，在石灰岩质的檐柱上，留有金代题记。该建筑虽为翼楼，其实并不是建在二层空中，可能源于台基下的一个石砌券洞，不过券洞太小了，洞不足一间房的面积，洞中藏着一眼古泉，建筑就建在石砌的台基上。

开化寺的风光美，开化寺的建筑美，开化寺的壁画更美。一座令人神往的艺术殿堂，是人们向往的地方。

（张广善）

大悲阁重檐转角

铁佛寺：
震慑人心的二十四诸天彩塑

地理位置：高平市米山镇米山村（太行一号旅游公路高平段）

释迦牟尼塑像

这是山西最难进入的寺庙，因此也是最神秘的寺庙，更是观后令人震撼的寺庙。震撼在于，许多人从来没见过，中国还有这么血脉偾张的神灵塑像。

铁佛寺位于高平市米山镇米西村上西门街铁佛寺巷内，东西宽约 25 米，南北长约 50 米，曾于金大定七年（1167）归安过一尊铁佛，遂以此为寺名。正殿门枕石有明嘉靖元年（1522）重修题记，天王殿门枕石有明隆庆五年（1571）重修题记，其余建筑为清代遗构。铁佛寺坐北向南，为单进四合院，院落中轴线北端为正殿，南端为天王殿，正殿西侧有耳殿三间，院内有东、西禅室各五间。正殿和天王殿的梁架、屋面等均体现了明代建筑风格，且具有鲜明的地方特色，是金、元至明地方建筑风格过渡演变的实物例证。

正殿坐南朝北，面阔三间，进深六椽，平面长方形，单檐悬山顶，斗拱粗壮，木雕窗棂精致，结构古朴典雅，尽显明代建筑的独特韵味与精湛技艺。屋脊正中镶嵌着琉璃匾额，上书"释迦宝殿"。

二十四诸天像局部

令铁佛寺名声远扬的是正殿内的明代彩塑。释迦牟尼塑像居于殿内中央，趺坐在高高的须弥座上，背光悬塑，金碧辉煌，直通菩萨顶，有三世佛、十二圆觉菩萨、接引佛、十大明王、大鹏金翅鸟等，流云飞凤、蟠龙穿插其间。文殊、普贤二菩萨跣足立于两侧。在释迦牟尼塑像背后，倒坐的观音菩萨神态安详，其周围悬塑的灵山仙境、唐僧取经等场景，栩栩如生，细腻生动。

大殿内佛、菩萨造型法相庄严，而东、西两壁的二十四诸天并未成佛，则更多地融入了生活中的细节和大胆的想象，也使得二十四诸天成为不可多得的精品。二十四诸天是佛教的护法诸神，又称"诸天鬼神"。这些立像密密匝匝地站在一米多高的砖台上，高两米有余，体形魁伟、表情生动，他们有男有女，有文有武，有慈面、有狰容，或是帝王装，或是臣子像，或袒膊赤足，或身披铠甲，没有一个形象是相同的。站在殿内，仰望这一尊尊面相丰满、表情夸张、服饰繁缛、

散脂大将塑像

色彩艳丽的诸天像，让人感到极度震撼。

铁佛寺尽管没有铁佛，但二十四诸天造像运用了"以铁为骨，用铁造型"的核心技法。它们的头饰、铠甲、飘带，包括其线条，都是用铁丝和铁线呈现出来。它们的线条之美，来自于铁。

在面积仅有 80 平方米的正殿内，却存有释迦牟尼、观音、文殊、普贤菩萨、二十四诸天共28 尊塑像。在如此小的空间中，紧密排列出形体高大、数量众多、造型如此夸张的彩塑塑像群，在国内庙宇同类型布局中绝无仅有。

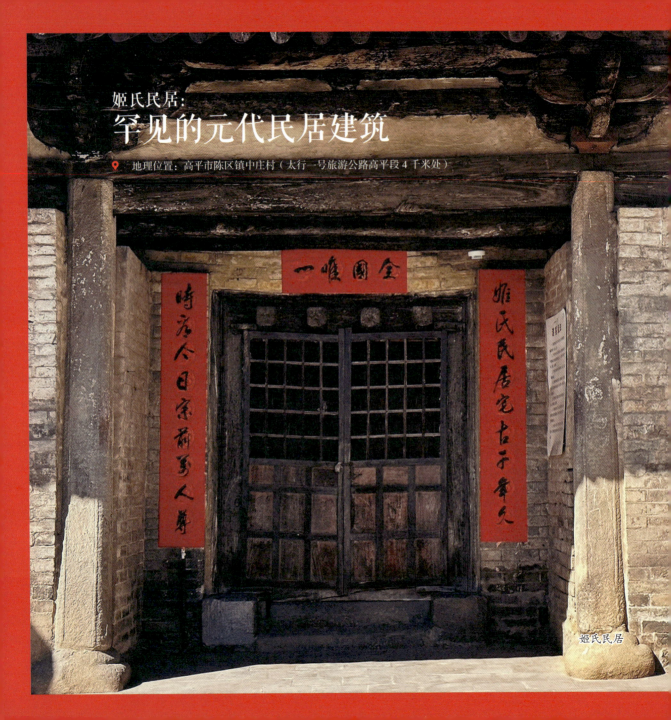

姬氏民居：
罕见的元代民居建筑

📍 地理位置：高平市陈区镇中庄村（太行一号旅游公路高平段 4 千米处）

姬氏民居

姬氏民居全景

　　姬氏民居位于高平市陈区镇中庄村的一个农家小院内，是罕见的元代民居建筑实例。1996 年 11 月 20 日，姬氏民居被列为第四批全国重点文物保护单位。

　　姬氏民居建在一个高 30 厘米的石砌台基上，平面呈凹字形。建筑面阔三间，进深六椽，悬山式屋顶。柱子为砂岩石质，柱头使四铺作斗拱，无补间铺作。屋门开于当心间，但后退了一廊，与内柱成一线。两次间则与檐柱齐，各开有大窗户一个。建筑的屋顶举折平缓，仅使用一条陶质捏花正脊。整个建筑严整简洁，古朴稳重。

　　民居建筑构架为抬梁式，梁架结构为四椽栿前压乳栿，前后同檐用三柱类型。建筑用材并不讲究，但工匠们巧妙地利用了材料的特点，合理地将材料的弯曲部分用在了各个受力点上，从而增加了梁栿的支撑力，用稳重感弱化了弯曲感，有着化腐朽为神奇的特殊功效。

门枕石 门枕石上的题记

　　民居所用的石料多为细质砂岩，呈黄色。柱础下方上圆，为素覆盆式。整个建筑仅前檐四柱为明柱。柱子平面呈正方形，角部内收并雕成外凸式弧形，从而形成一条明显的边棱。建筑的四根内柱皆砌入墙内。民居有斗拱的应用，不过仅使用于前檐柱头。斗拱总高50厘米，四铺作，计心造，华拱出挑用足材，华拱、令拱皆为异形拱，华拱拱头为三角形，令拱拱头为菱形，泥道拱上托两层柱头枋。

　　建筑的屋顶举折平缓，脊榑举高与前后撩檐榑间距离之比大约为1:3略强，屋顶辅以仰合板瓦。板瓦长30厘米，厚1.8厘米，檐头用花头板瓦与重唇板瓦，花头板瓦的饰花有童子戏莲等内容，花头的外檐为七瓣锯齿形。重唇板瓦的瓦唇上有六条饰纹，一道为波浪形弧线，两道为花纹形弧线，其余三道为普通的弧线，唇的外缘呈波浪形。

　　姬氏民居和一般民居不同的是门洞和窗户的顶部，其共同特点是在檐柱与内柱之间的柱顶上装有一层类似平暗的顶板，门洞之上是为了分出内外，而窗户顶上的平暗就只能说是遮挡灰尘的了，但它的另一个功能是明显的，那就是上面可以放置杂物。

姬氏民居斗拱

姬氏民居的门窗也有不同之处。房门为实拼门，背面用五道穿辐，正面相应地有五路铁质的门钉，每路六枚。地栿为砂岩石质，正面浮雕牡丹图案，两边各有青石门砧一个，门的下篆直接雕凿在门砧石上。门槛、立颊、门额皆为木质，门颊、门额的外部另加有边框，与门颊、门额成"T"形组合，直角处饰有45度斜面花边，以双层叠加的五齿弧形花瓣木条为底，上饰45度镂雕缠枝牡丹图案。窗心分为左右两块，窗棍为方格形，简单实用。

姬氏民居最为重要的是题记，直接表明了建筑的建造年代，这是这座元代民居的出生证和身份证。姬宅的题记在屋门的门砧石上，竖刻着两行小字："大元国至元三十一年岁次甲午仲□□□姬宅置□石匠上党郡冯□□、冯□□"。时间、建筑的性质、刻字人的身份、姓氏、居所都明明白白。这是一条非常重要的题记，它的存在极大地提高了这座建筑的历史价值。

（张广善）

清梦观：
清幽所在 梦回千年

📍 地理位置：高平市陈区镇铁炉村（太行一号旅游公路高平段 1 千米处）

清梦观木构件

后殿

从高平市陈区镇铁炉村口广场沿着一条水泥路向东 100 米，登上一座名叫四坪山的小山，四周清幽宜人，静谧的清梦观尽收眼底。

清梦观是一座道观，第六批全国重点文物保护单位保护标志就立在清幽古观的外侧。据清《高平县志》记载："金姬志真，号洞明子，皇统中游五岳，归语所亲曰'人生一梦耳'，舍宅作观名清梦"，清梦观即由此而得名。

清梦观南北长 68 米，东西宽 35 米，占地面积 2380 平方米，二进式院落坐北朝南。山门、中殿、后殿依中轴线向北延伸，左右建钟鼓楼、配殿、厢房、耳殿。据观内现存的《创建清梦观记》碑文记载，清梦观创建于元中统二年（1261），也就是南宋景定二年（1261），创建者是道人姬志玄。明万历四十年（1612）、清嘉庆二十二年（1817）、道光四年（1824）均有重修。

中殿殿内祀奉着道教仙境的三位尊神——玉清元始天尊、上清灵宝天尊、太清道德天尊，所以又称三清殿。作为元代建筑的三清殿，无疑是清梦观内最具"身价"的建筑，整个建筑严谨对称，颇具特色。

　　三清殿殿内四面墙壁上都画满了壁画。东、西、南三面墙的壁画，每幅都在一个四方格内，四方格长约 40 厘米、高约 30 厘米，壁画紧凑，幅幅相连。北墙上的壁画则是两幅人物画，形象饱满，非常传神。但由于时隔久远，如今已找不出一幅完好无损的壁画，但环视四面墙壁，仍能让人感觉到壁画饱满瑰丽的色彩、活灵活现的人物及流畅灵动的线条。壁画内容表现多样，有出行的人，有宴会情景，还有表现市井生活的场面，写实逼真，妙不可言。这些壁画很特别，故事人物和情节都用四方格围住，从第一幅到第八十几幅，每幅都有标题，一个故事连着一个故事，就像是现在的连环画。

　　清梦观内不光是壁画，三清殿梁架上的彩绘也很有特色。五架梁底面为红底绿线的枋心锦彩画，五架梁下用作托接梁身的榻头通休以朱红为底，绘墨绿缠枝花，花朵分青白两色，红色花蕊。

雕龙画凤石柱

梁架彩绘

木构架

三清殿北面的后殿，因殿内主祀玉皇大帝，所以村里人也习惯称为"玉皇庙"。玉皇殿虽经明代重修，但从观内现存碑文记载可知，它的木构架风格、木构件做法，还保留了元代遗构。因此，玉皇殿是研究由元至明地方建筑风格过渡演变的实例，为研究高平地区明代建筑的实物资料，具有较高的历史价值和艺术价值。

清梦观全景

中坪二仙宫：
石刻碑记众多的"二仙"行宫

📍 地理位置：高平市北诗镇南村中坪村（太行一号旅游公路高平段 6 千米处）

正殿

在晋东南地区，祭祀"地方神"真泽二仙的庙宇不在少数，这些庙宇绝大多数以"二仙庙"为名。然而，在高平市北诗镇中坪村翠屏山南麓有一座专门祭祀二仙的庙宇，却名为"二仙宫"。它是晋城境内为冲惠、冲淑二位真人修建的行宫。

二仙宫地处高岭，背靠青山，前邻亘原，视野开阔，放眼望去，一览无余，不得不赞叹先人为二仙修建行宫选址上的用心。2006 年，中坪二仙宫被列为第六批全国重点文物保护单位。

二仙宫坐北朝南，南面视野开阔，东西北三面林荫拱翠，令人产生清幽静雅之感。山门建在七层砂石砌筑的台基上，台基高约 1 米，两侧有东西翼楼。站在其下望去，面阔三间的山门高大雄浑，气势巍峨。山门入深四间，前一间设廊，上建倒坐戏台。

山门前有砂岩石砌花栏围墙，东西两侧尚存钟鼓楼、下廊院及石牌门等遗址。山门的构筑工艺最为精致，上书"惠淑流芳"四字。檐下斗拱和柱头雀替有木雕，上刻云纹飞龙，其雕工之精细，让人赞叹不已。

二仙宫为单进院落，东西宽 30 米，南北长 68 米，占地 2040 平方米。整个建筑沿中轴线布局严谨，形制规整。正殿为二仙殿，是金代建筑。二仙殿呈正方形，面阔三间，进深三间。筒板布瓦屋面，琉璃脊饰。梁架结构为六架椽屋四椽栿前压乳栿通檐用三柱。乳栿下设前廊，柱头施五铺作双昂斗拱，补间五铺作。廊檐置四根抹角方形石柱，侧角收分明显，能够让人感觉到宋金时期建筑风格。其周檐施斗拱，飞檐层叠，顶覆布瓦，金龙剪边。殿顶前后四个挑角上，各挂四只风铃。在寒冷的风中，风铃丁零作响，顿添神秘色彩。

中坪二仙宫全景

山门斗拱　　　　　　　　　　　正殿转角铺作

　　"二仙神庙，其来远矣。灵感唐昭宗之前，褒封以旌在庙，共晓圣母之灵应，而芳名以上彻于堂皇。"这是宫内一通刻于"明万历二十九年（1601）秋仲月望日"《重修二仙宫碑记》上的文字。唐昭宗李晔，在位 16 年（889—904），死时年仅 38 岁。由此来看，二仙宫始建于唐昭宗时期，距今已有 1100 多年历史了。

　　罩在神龛内的二仙神像之下，是一座保存完好的用青石雕刻须弥座式神台。神台高约 0.8 米，座面呈正方形，面长约 3 米。神台束腰处镶有数十幅精美石雕，中间砌有一块刻有文字的石碑，两边是布满牡丹、荷花、莲瓣及飞龙的石雕图案，刀工娴熟，技法精湛，让人惊叹不已。从这块石碑上的文字来看，创建于唐代的二仙宫，曾在金大定年间重建，后经元明清历代增建和修缮，其中尤其以元代至元年间重修规模最大。而原汁原味的金代建筑二仙殿却完好无损地保留至今。

　　与其他二仙庙不同，二仙宫的石刻碑记较多。除金代青石题记及明代的《重修二仙宫碑记》《重修二仙宫壁记》外，二仙宫内现存石碑墙碑 20 余通。

　　在众多通石碑中，同治年间立的两通龟驮大石碑最为引人注目。两通石碑立于正殿外东西两侧，为二仙宫最具有工艺珍品价值的石碑。两通石碑高相差无几，均为石灰岩石。立于殿西的《重修灵贶宫碑记》高 3.36 米，宽 0.68 米，厚 0.25 米。而立于殿东的《重修二仙庙碑记》，宽度、厚度与其相同，只是"个头儿"略高，为 3.46 米。如果算上 1 米高的方形碑首，两座石碑的高度分别为 4.36 米、4.46 米。类似的高大石碑，在其他庙宇中较为少见。

刻碑　　　　　　　　　　　　二仙神龛

　　东西两碑碑首均为方形，上刻高浮雕双龙，玲珑剔透，栩栩如生，十分逼真，其间分别刻有"灵贶王""真泽圣"字样。碑首背面都刻有字，东碑为"万善同归"，西碑为"福缘善庆"。"灵贶王"就是后羿。

　　两碑均为清同治十二年（1873）九月立石，只是碑首、碑身雕刻的图案有所不同。西碑碑首底边为老子训教图、书画图和几何图案。碑身周边为游龙祥云图、四季花卉和几何图纹。而东碑碑首边除老子训教图、几何图纹外，还有琴棋书画。碑身周边图案与西碑无异。两通石碑线条流畅、精细，碑背面均刻着昔日各村、社、字号、个人捐来的银两花名。从雕刻工艺来看，完全出自同一匠人之手。

　　高平的灵贶王庙就坐落在翠屏山之巅。20 世纪 50 年代，该庙被毁，现仅存殿宇基石等遗址。后来，为保护《重修灵贶宫碑记》，村里人就将这块石碑移到了二仙宫保存。

　　虽然两通石碑分属两座神庙，如今放置一处，反倒成为二仙宫一景。

（博多多）

建南济渎庙：
万古悠悠清源王

📍 **地理位置：高平市建宁乡建南村（太行一号旅游公路高平段）**

　　建南济渎庙位于高平市区东北 25 千米处的建宁乡建南村南翠屏山，整体建筑规模宏敞，布局完整，逐级向上，错落有致，是为祭祀济渎神清源王而建造。2013 年 3 月，由国务院公布为第七批全国重点文物保护单位。

　　济渎庙是古人对水神自然崇拜的现实反映，他们认为"江河淮济，谓之四渎。夫渎为神，御灾捍患，生物泽物"。由于济水发源于河南省济源市王屋山，与晋城山川地理相连，所以晋城地区也不乏济渎崇拜的庙宇

山门

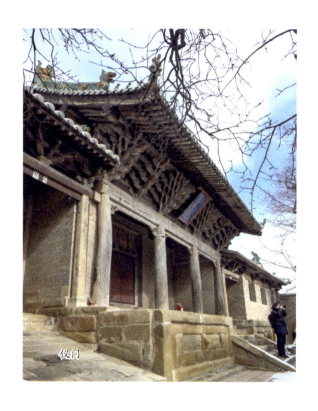
仪门

济渎庙创建年代不详，据庙内现存碑碣［明正德十一年（1516）石刻碑记、康熙二十二年（1683）《重修济渎庙大殿记》、清康熙三十一年（1692）《重修济渎庙三门记》、嘉庆十四年（1809）《补修济渎庙碑记》和民国9年（1920）《高平县建宁镇补修济渎庙记》]详细记录了不同年代的修缮过程。

古庙坐北朝南，三进院落，南北长104.07米，东西宽38.1米，占地面积3965平方米。该庙造型宏伟，独具风格，有山门、济渎殿、后宫、夹殿、耳殿、配殿等建筑。经修缮之后，整座庙三进院格局清晰明朗，中轴线上一道门、二道门、献殿遗址、济渎殿、后宫逐次排开，济渎殿、后宫、两侧廊庑、配殿也已进行了保护恢复。

仪门匾额　　　　　　　　济渎殿北墙壁画

　　山门为清代建筑，两侧为披门和耳殿，中间为石阶道。面阔三间，进深四椽。柱头科五踩双下昂，平身科每间一朵，五踩双翘出斜翘。当心间施板门，两次间置圆窗。单檐悬山顶，灰筒板瓦布顶。前廊四根方形抹角浮雕盘龙石柱甚是突出惹眼，吞云吐雾，张牙舞爪，工艺价值较高。

　　从山门进入是前院，前院保存最为完好，左有一软枣树，建庙时就有；右为一棵树龄50余年的李子树。第二道山门也叫仪门，两侧为披门和耳殿，面阔三间，进深四椽，悬山顶，檐下九踩四翘，柱头科出斜翘，平身科每间一朵。四根立柱和普柏枋用材硕大，颇有些元代遗风。山门下的石砌须弥座台基和沙石栏杆有明显的金元风格，说明古庙的历史至晚可以上溯到宋、金时期。山门斗拱上是栩栩如生的龙头木雕。

　　中院损毁较严重，院中的献殿已荡然无存，仅存石砌台基和四块圆形柱础见证它曾经存在。中院从山门两侧有廊庑接出，环抱着整个院落。有学者认为，这种廊庑式的庭院布局是我国唐、宋时期通行的古制，后世极为少见。中院正殿（也就是济渎殿）为明代建筑，面阔五间，进深六椽，悬山顶，四椽栿搭在前乳栿之上，通檐用三柱。前檐柱头铺作栌斗上出两跳（假昂）有斜拱，补间双抄五铺作，后檐出一跳。殿内后墙上的残存壁画，绘工不俗，更为罕见的是，壁画描绘的是非宗教性的世俗题材。在斑驳的画面里，男男女女们似乎在准备盛宴，有的在和面、备菜，有的端着茶具、瓜果，有的搬书、拿棋桌，还有的捧着烛台与食盒……忙碌的场面俨然是高门大户要举办家宴。

后院正殿为元建明修，悬山顶，面阔五间，进深六椽，斗拱五踩，琴面双下昂，四椽栿对前乳栿，通檐用三柱。前檐斗拱柱头双杪五铺作有斜拱，补间双杪五铺作用梅花斗。正殿东西两侧各有配殿。在济渎殿和后宫的中间是济渎池，内径长4.9米、宽3.3米、深2米左右，水池东、西、北壁尚存一两层条石，还有许多琉璃残件、砂石兽头。

以农为业的古朴先民们在对大自然依赖的同时对其充满了畏惧和崇敬，他们祈盼风调雨顺、五谷丰登，于是开山建庙，遇水拜神，以保佑生产发展、生活富足。济渎庙矗立在历史的时空中，历经时代更替，记录了济渎信仰的兴衰，古代水神崇拜文化，也成为研究当地宗教信仰不可或缺的例证。

建南济渎庙全景

国保古建

图书在版编目（CIP）数据

带您走进太行一号旅游公路系列丛书 . 第一辑 / 中共晋城市委党史研究室（晋城市地方志研究室）编 . 太原：山西人民出版社，2024. 11. -- ISBN 978-7-203-13656-9

Ⅰ . K928.925.3

中国国家版本馆 CIP 数据核字第 202452384L 号

带您走进太行一号旅游公路系列丛书 第一辑 国保古建

编　　者：中共晋城市委党史研究室（晋城市地方志研究室）
责任编辑：魏美荣　王鹏程
复　　审：崔人杰
终　　审：梁晋华
装帧设计：沈　楠

出 版 者：山西出版传媒集团　山西人民出版社
地　　址：太原市建设南路 21 号
邮　　编：030012
发行营销：0351 - 4922220　4955996　4956039　4922127（传真）
天猫官网：https://sxrmcbs.tmall.com　电话：0351 - 4922159
E‑mail：sxskcb@163.com　发行部
　　　　　sxskcb@126.com　总编室
网　　址：www.sxskcb.com

经 销 者：山西出版传媒集团　山西人民出版社
承 印 厂：晋城市太行报业印务有限公司

开　　本：889mm×1194mm　　1/24
印　　张：22
字　　数：770 千字
版　　次：2024 年 11 月　第 1 版
印　　次：2024 年 11 月　第 1 次印刷
书　　号：ISBN 978-7-203-13656-9
定　　价：298.00 元（全三册）

如有印装质量问题请与本社联系调换

带您走进太行一号旅游公路系列丛书

第一辑

乡村振兴

主　编

王晓艳

副主编

刘云芳　崔雷岳　朱红霞

编　委

王　霄　徐军利　秦皓宇　卢剑锋　靳文明　李德胜

责任编辑

张　燕

编　辑

李秀萍　陈　伟

书籍设计

沈　楠

特约漫画

陈　钰　曹晋晋　李　晶

特约摄影

程立胜　秦红宇　王　林　李剑锋　张理峰　韩艳帅　郭　剑　张全军　李　强

宋岳庭　张文庭　李昕怡　张　燕　马振波　李卫东　崔登科　宁绍雄　郭　亮

XIANGCUN ZHENXING

带您走进太行一号
旅游公路系列丛书

第一辑

乡 村 振 兴

中共晋城市委党史研究室（晋城市地方志研究室） 编

山西出版传媒集团

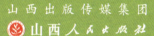
山西人民出版社

高平市
釜山村·黄芩

沁水县
张峰镇·三文鱼

沁水县
柿元村·蜜蜂小镇

阳城
皇城相府

泽州县
红色三杰馆

横河
骑行小镇

阳城
蟒河·山茱萸

太行一号旅游公路「乡村振兴」手绘

高平铁炉贡梨

古郊乡
松庙村·睡眠小镇

苏庄喜镇

陵川县
锡崖沟村·挂壁公路

合聚森林公园

晋城市太行一号旅游公路全长 736 千米，包括主线路网 582 千米，支线路网 154 千米。其中，连通沁河古堡环线路网 50 千米，提升"百村百院"连接线 150 千米，串联旅游景区快速直达线 50 千米，内引外联、环环相扣，连接我市 33 个 A 级旅游景点，70 余个非 A 级景区；通达 15 个特色旅游小镇、100 个"百村百院"项目和 16 个明清古堡群；覆盖了 38 个乡镇 231 个行政村 12 个社区 23 万农村人口。晋城以"一号路"为引领，推进慢行、服务、景观、信息、农田财化五大配套系统建设，串联起 90%的景区景点，连通 90%的脱贫村庄，联系 90%的农产品产区，沿线 739 个行政村达到三星以上标准，带动 5.5 万人返乡创业就业，7.6 万多人实现稳定增收。

前言

QIANYAN

沿着晋城市太行一号旅游公路，走进城区洞头村整洁干净的农家小院，感受田园生活的惬意，品尝乡村风味的农家菜；在喜镇苏庄感受中式婚礼的古典大气，再试一试横河醋畅淋漓的运动康养；饮一杯陵川的连翘茶，再到蜜蜂小镇品尝天然蜂蜜，观察蜜蜂的成长……

修好一条路，富裕一座城。近年来，晋城市委、市政府统筹谋划，"路、景、村、业"一体推进，太行一号旅游公路沿线村庄抓住契机，因地制宜发展了山水观光、餐饮休闲、古村民宿、果蔬采摘等田园综合体新业态，让沉寂的村庄重新焕发活力，吸引了众多游客前来体验乡村生活。不少曾经面朝黄土背朝天的村民，借助旅游公路建设契机，吃上了"旅游饭"，把日子过得红红火火……

太行一号旅游公路串联一路风景，将地域文化、人文景观、乡土文明展现得淋漓尽致。本书展示了晋城市太行一号旅游公路沿线22个村庄乡村振兴的生动实践，用图文并茂的形式，记录各个村庄追求共同富裕道路的经验和做法，以及各个村庄的特色、亮点和风物特产，呈现出一幅幅乡村振兴的美丽画卷。

目

MULU

录

浙水村全景

陵川县六泉乡浙水村

📍 地理位置：太行一号旅游公路陵川段

晋城市太行一号旅游公路从这里起步，集古屋、古街巷、古井、古树等富有古风古韵的特色景观于一体，是一个具有明清遗风的古朴山村，被誉为"遗世而独立的幸福古村"。峡谷之深、山水之秀、古道之险闻名遐迩，村南熊耳山奇观"熊山吐月"是陵川古八景之一。村里出产苹果、梨、山杏、山桃等水果，野生连翘、野生党参、柴胡、白芍、黄芩等数十种中药材，土蜂蜜、核桃、香椿、小米等土特产。

借势康养旅游
助力乡村振兴

　　近年来，陵川县浙水村紧紧抓住太行一号旅游公路始发点优势，依托优质生态资源，大力发展中药材种植、生态水厂、农家接待、峡谷观光等多种业态，吸引众多游客前来游览观光、休闲度假，村级集体经济和群众收入实现稳步增长，探索出一条壮大村集体经济发展的新路径。

因地制宜发展康养旅游

　　走进群山环抱的浙水村，只见极富明清遗风的民居古色古香，阳马古道弯曲而悠长，潺潺河水穿村而过……目之所及，皆是风景。

　　"虽然风光旖旎、历史悠久，可过去的浙水村却是个典型的贫困村。地上无产业，地下无资源，老年人出不去，年轻人不想回来。"村党支部书记、村委会主任靳慧永介绍说。浙水村是第四批中国传统村落，沟通上党和豫北之间商贸交流的阳马古道位于村内，还有 17 个保留比较完整的明清古院落。2019 年，浙水村在全县率先成立股份经济合作社，通过整体回购、合作租赁、合作入股的方式，全村 1065 名村民成了合作社的股份持有者，有效盘活了村内 29 处农房和 200 余亩土地。同时，借助太行一号旅游公路建设的契机，大力探索"县农投公司＋村股份经济合作社＋村民"的发展模式，与陵川县田园农业投资发展有限责任公司通过股份合作形式，成立了陵川县大美浙水旅游开发有限公司，借势乘风，走上了村兴民富的道路。

　　公司成立后，聘请专业团队，编制浙水产业规划，按照"一村、两区、三大

藏在大山深处的浙水村

板块"发展思路，建设幸福传统古村，打造传统古村区和新民居区，开发多彩梯田、太行小峡谷、浙水古镇三大板块。他们以"太行人家·云锦系列"为整体品牌，定位"颐养浙水·从心出发"经营主题，投资 3000 万元，新建了景观门楼、旅游厕所，改造了古房、古院等，修缮了阳马古道，完成人民大食堂建设，古色古香的浙水面貌初步显现。

"公司成立后，由于没有专业的运营管理人才，经营比较困难，我们就引入具有专业资质的安徽星辉耀霆餐饮文化管理有限公司进行管理运营。"靳慧永介绍，每年大美浙水旅游开发有限公司将运营收入的 30% 给付安徽星辉耀霆餐饮文化管理有限公司后，按照股权占比，给村集体股份经济组织再次分红。

2021 年，安徽星辉耀霆餐饮文化管理有限公司统一运营民宿 4 处、茶社 1 处、咖啡屋 1 处、书吧 1 处、精品小吃档口 9 个、古街店铺 7 个以及停车场、戏台餐厅等，他们还开发了太行山吊锅、眉毛鱼丸、酸辣粉等特色小吃，对民宿按照城市宾馆的环境卫生标准进行管理。2021 年，村集体股份经济组织得到分红资金 23.205 万元。其中，30% 作为村集体经济收入，用于大美浙水旅游开发有限公司运营经费，剩余的 70% 全部作为老百姓的分红。

多元发展促进集体增收

时值盛夏，游客们在欣赏山水古宅之余，还能在村里的水上乐园玩耍，在含月山庄品尝地锅鸡美食……

"含月山庄餐饮文化有限公司是我们村引进的一个项目，包括水上乐园和餐饮住宿，每年能为村集体增收 3 万元。"靳慧永说。

除了含月山庄项目外，浙水村还引进了陵川县凯旋石材有限公司，该公司年产 10 万立方米花岗岩，预计产值每年能达到 600 多万元，为村集体增收 15 万元；"唤醒"集体"沉睡"的资源资产，培育新产业，通过盘活老旧大理石厂厂房，引进山西灵之川饮品有限公司，开发本村优质山泉水资源。公司先后投资 500 万元，安装自动灌装生产线 3 条，产品分别销往太原、运城、临汾、大同等地。2021 年，这个项目产值达到 70 多万元，为村集体增收 5 万元。

浙水村山地多、光照充足、土壤湿润，适宜连翘、党参等道地药材生长。2017 年，村党支部领办成立鑫永种植专业合作社，采取"支部＋合作社＋农户"运行模式，由合作社流转800 余亩山坡地，种植党参、黄芩等道地中药材 1300 余亩，和九州天润科技有限公司签订协

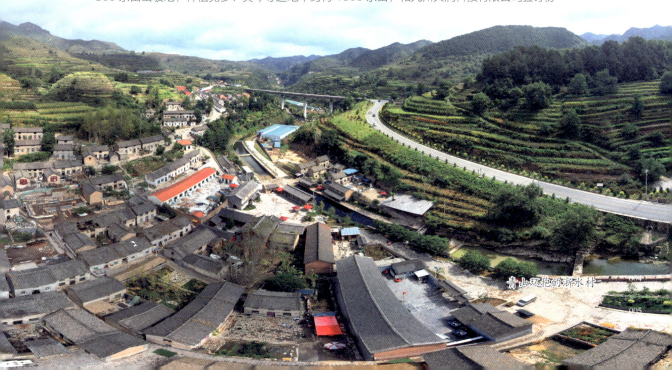

青山环抱的浙水村

005

议对中药材进行统一回收，村集体通过流转土地入股的方式，每年实现增收 5 万余元，带动群众年均增收 2000 余元。

随着村集体经济的不断发展壮大，村民们也通过创业就业走上了富裕路。村民靳学斌经营着阳马古道客栈，投资 7 万元，将自家的小房子改建成 5 间大房子，并配置了淋浴房和厕所，安上了暖气，改成了高标准的客栈。2021 年，虽然受到疫情影响，但也挣了 2 万多元。村民靳福田夫妻俩精通厨艺，利用朋友闲置的旧房办起了静水闲居农家乐，2021 年就收入 10 万多元。

像靳学斌、靳福田一样，35 户村民通过经营农家乐、餐饮等，获得收益 150 余万元。此外，还吸引 18 人回村创业，23 户村民通过参与保洁、保安、民宿管家、企业就业等服务实现了稳定增收。2021 年，浙水村人均可支配收入 1.2 万元。

靳慧永坦言，下一步，浙水村将紧紧抓住太行一号文旅康养和乡村振兴融合发展示范带工程建设契机，全力打造太行一号旅游公路康养特色村、精品示范村，持续发展壮大村集体经济，促进农民增收，不断提升村民的幸福感、获得感和安全感。 　　　　　　　　　　　（牛前进）

浙水大戏台

连翘

连翘，别名落翘、连壳、青翘，为木樨科连翘属植物，多为野生。每年早春时节开金灿灿的小黄花，花落后开始吐嫩绿芽，将其采摘后进行加工，制成连翘叶茶。

据《本草纲目》《中药大辞典》《神农本草经》记载，连翘叶可治心肺积热，可清热解暑、生津止渴、利咽润喉。现代药理研究表明，连翘叶有保护肝脏、抗油脂氧化、抗衰老、调节免疫功能和增强抗应激能力的功效，具有较好的保健价值。

【 传统九蒸九晒工艺 】

"采青"是制茶的第一道工序。主要在清明后谷雨前采摘鲜叶，讲究下雨阴天不采、不制。采摘得先净手，以防异味污染叶芽；手法讲究"提手采摘"，叶芽成朵，大小均匀，不带根茎等杂质；叶面发黑、叶片不全的一律不采。

鲜叶历经"晾青""蒸青"等多道工序，环环相扣，每一道工序都决定了茶的品质。制作手法有揉、压、搓、抓、抖、撒，讲究"轻压短揉"。晾晒要在阴凉处，不可暴晒。九蒸九晒使得茶的香气和外形塑造更具魅力。连翘茶制作工艺已于2016年入选山西省级非物质文化遗产名录。

太行山里自然de书屋

孩子们在自然书屋内读书

自然书屋内书架

自然书屋一角

　　浙水村是太行一号旅游公路的起点，这里有历史悠久的"阳马古道"，更有闻名遐迩的自然书屋。

　　浙水河南岸依山傍水，岩石的机理跟一页页书特别相似，设计师突发奇想，因地制宜修建起一座休闲书屋，因此，书屋又称"自然书屋""页岩书屋"。

　　书屋因势利导，只建了两个面，一个是屋顶，一个是承重墙，同时还是书架，其他墙面借助山体的岩石，自然成趣，给游客带来了新鲜别致的观感。书屋里可以阅读、休闲、纳凉，可以为农闲时有读书兴趣的男女老少提供一个不错的消遣场所。

　　这座只有100多平方米的书屋，不仅成了网红打卡点，吸引了源源不断的游客到村子里来，还拿下了2021 Design Educates Award 建筑设计奖。主创建筑师罗宇杰曾用"野生的建造"来形容这座书屋，并表示：浙水村自然书屋的设计灵感，其实并非来自现代建筑教育知识体系，而是得益于乡村老宅子本身的建造智慧。

（张春颖）

书屋

读者以页岩为椅，在自然书屋中享受阅读的乐趣

· **观音堂大庙**，是浙水村一处历史悠久的文物建筑，建于明代。这里的石牌楼、古树等古迹随处可见。

· **阳马古道**，浙水村上接太行，下连中原，自古就是晋豫两地的一条重要商道，村牌坊上刻着"阳马古道"。阳马古道是晋豫两地的重要商道，是商人们歇脚停留的重要驿站，也是晋豫两地之间的重要交通枢纽。

· **乡愁文化纪念馆**，是浙水村中的一个景点，其中陈列着早已不常见的煤油灯、捕鼠工具、压底转、猫砖等。通过这些展品，游客可以感受到乡村文化的魅力。乡愁文化纪念馆通过展示这些物品，让游客了解村庄的过去、现在和未来，也让他们回忆起过去的美好时光。

· **自然书屋**，是以页岩为椅，木制书架相伴的独特图书馆。它以页岩的特殊特性，提供了静谧、舒适的阅读环境，成为当地居民喜爱的景点之一。

· **杨百万家的古寨**，是浙水村一个具有悠久历史和独特魅力的景点，位于浙水村东北方向，保存了许多明清时期的古建筑和土楼，具有很高的历史价值和艺术价值。

· **"熊山吐月"奇观**，浙水村附近的熊耳山两峰峭立，一峡居中，每当中秋，一轮明月恰从山峡正中升起，宛如从熊山吐出一般，是"陵川古八景"之一。

陵川县古郊乡松庙村

📍 地理位置：太行一号旅游公路陵川段

　　松庙村东邻王莽岭，西倚棋子山，山脉蜿蜒，交通便利，森林覆盖率达75%，放眼望去，满眼绿色，连片的连翘、黄芩、党参等道地中药材给人一种别样的游览体验，是名副其实的"天然氧吧"。村里连片民宿，推开门就是鸟语花香。几十座特色小木屋，现代装修和复古院落巧妙融合，展现了别具一格的原乡风情。夜幕降临，在庭院里低首听虫鸣，抬头数星星，安逸又闲适。

松庙村

松庙村全景

从贫困村到康养胜地

沿着晋城市太行一号旅游公路行至陵川县段，便来到了坐落于山脚下、公路旁的松庙村。

村落静谧整洁，屋舍古韵雅致，檐下灯笼悬挂，一派祥和气息。谁又能想到，这里原来是个贫困村。

"全村只有 2.45 平方千米，现有 141 户，342 口人。"松庙村党支部书记张田杰介绍，村是小村，老百姓过去仅仅依靠种植玉米、土豆等经济作物维持生计，收入很低，村集体收入几乎为零。

正因如此，该村不遗余力地探索脱贫致富路。2015 年，该村开始发展中药材产业。

"山上的连翘由县里统一繁育种植，黄芩、党参则由老百姓自己种植。"张田杰说，"到了夏天，上至八九十岁的老人，下至十几岁的小孩，只要是能动的，全都上山摘连翘。采摘工作一般会持续两个月，技术好手一天能赚 1000 元。"

"2017 年年底，松庙村就实现了整村脱贫。"张田杰说，"不过，当时村民的收入还处于较低的水平。"

2018 年，晋城市正式开工建设太行一号旅游公路。这条串联晋城市 6 个县（市、区）、36 个乡镇，覆盖 90% 的脱贫地区、景区景点和特色农产品产区的旅游公路，让松庙村又有了发展的契机。

位于山脚下的松庙村有着发展康养文旅的天然优势。在"公路 + 旅游"的理念指引下，松庙村开始发展康养文旅产业。

2020 年 5 月，松庙村已建成 6 套民宿院落、22 座康养木屋，还有健身步道、怡养松吧等一系列康养文旅设施。

松庙村采用的是"县农投公司 + 村股份经济合作社 + 村民"的模式。村集体通过合作社入股方式，与陵川县田园农业投资有限公司合作共建山西松庙休闲观光有限公司，大力发展庭院经济，因户制宜发展休闲观光、农家接待、中蜂养殖、蔬果采摘等特色产业。

张田杰说："还有 6 套老百姓的院子，以作价入股的方式交由农投公司统一设计、施工、运营。这 6 户老百姓从 2020 年开始，每年能拿到 2000 元的租金，且以后每年递增 500 元。"

这一运营模式也带动了庭院农家乐的发展。"通过当时政府的贴息贷款政策，老百姓可以在 3 年内免利息贷款 20 万元，有 8 户村民依靠这 20 万元发展起农家乐。"张田杰说。

2023 年，我国旅游市场全面复苏，也让松庙村的康养文旅产业快速发展。

"松庙驿站在 2023 年的客流量达 10 万人次。驿站接待不了的旅客，便会安排到村民的农家乐中居住。与此同时，村里还有七八名贫困户村民在驿站工作。"松庙驿站运营经理申学凤介绍，每年 4 月到 10 月的旺季，来这里吃饭住宿的游客走时还会买小米、醋等土特产，进一步带动了村里的农业经济。

2023 年，松庙村的村级集体经济收入已近 20 万元，全村人均收入达 12000 元。提及未来，张田杰说："2024 年，松庙村会进一步增加康养文旅设施，提升旅游接待能力，同时做好村里人居环境的整治提升。"

（赵熠如）

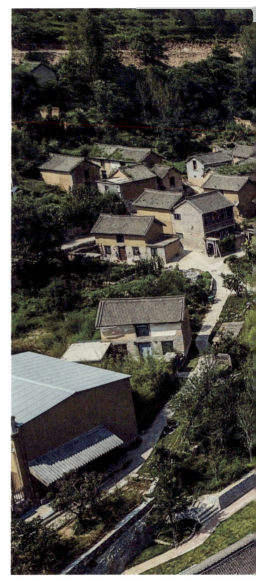

松庙村小木屋

满眼绿色的松庙村

党参

桔梗科党参属多年生草本植物，味甘，性平，是常用的传统补益药。现代研究发现，党参含多种糖类酚类、甾醇、挥发油、黄芩素葡萄糖苷、皂苷及微量生物碱，具有增强免疫力、扩张血管、降压、改善微循环、增强造血功能等作用。党参茶是以党参叶和干燥根为原料，经过加工制作而成的饮品。

党参最早记载于清代医学家吴仪洛的《本草从新》，"因原产于上党郡，而根形如参，故名党参"，上党郡是晋东南地区秦代的行政区划称谓，唐代改称潞州，故又称潞党参。其后在《本草纲目拾遗》《植物名实图考》中都有记载。《本草从新》记载："参须上党者佳，今真党参久已难得，肆中所卖党参，种类甚多，皆不堪用，唯防风党参，性味和平足贵，根有狮子盘头者真，硬纹者也（白党味微甘而甚淡，功力远不及尔）。"由此可见，党参的"党"字源自上党的"党"字，产于山西上党一带者，品质最优，为道地药材。关于党参的形态，《植物名实图考》记载："党参，山西多产。长根至二三尺，蔓生，叶不对，节大如手指，野生者根有白汁，秋开花如沙参，花色青白，土人种之为利。"

党参茶

党参片

　　山西党参主要集中在长治和晋城，五台县五台山周边也有少量种植。"平顺潞党参""陵川潞党参""上党党参"获得国家地理标志。上党党参因其独特的"狮头凤尾菊花芯"特征和道地品质而享誉全国，并远销到马来西亚、菲律宾、新加坡、日本、老挝等 10 多个国家。

党参茶

　　党参茶有采用党参叶按照绿茶加工工艺制作而成的党参叶茶，还有采用党参根，经净选、清洗、切片、干燥，并用小米做辅料炒至微棕黄色而成的党参根茶。

　　党参茶用沸水冲泡后，汤色金黄，口感甘甜，具有开胃、养肝、润肺、解毒等功效，适合多数人群饮用。党参茶还可与枸杞、红枣、绿茶等搭配饮用。

陵川县古郊乡锡崖沟村

📍 地理位置：太行一号旅游公路陵川段 8 千米处

　　这里的民居或依山傍水，或临崖跨涧，错落聚散，隐现有致。村内随处可见石屋、石桥、石径、石桌、石碾，粗放古朴。村中一条大峡谷，由北向南伸展，如天坑之地缝，深处可达 200 多米，震旦纪红砂岩壁东西对应，曲折排列，延伸至河南境内。然而，最值得称道的是锡崖沟人历时 30 年，用最原始的方法、最简陋的工具在悬崖峭壁上凿出了一条长 7.5 千米的挂壁公路，创造了人间奇迹，成为罕见的人间奇观。

锡崖沟挂壁公路

穷山沟变身"红火沟"

提到锡崖沟村，人们首先想到的是挂壁公路，然而，入夏以来，家住市区的刘女士在这里住了几天后，被这个风光如画的小山村深深地陶醉了。她和同伴白天游山玩水，夜晚在户外散步，尽情享受着美丽大自然的馈赠。"青山、绿水、蓝天、白云，鸟鸣枝头、鱼戏水中……没有想到，锡崖沟这么美。"

锡崖沟村

锡崖沟人用最原始的工具和方法修建挂壁公路

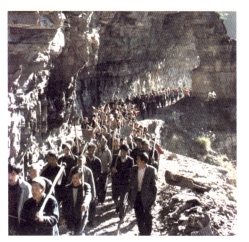
锡崖沟村党支部组织村民修路

　　锡崖沟村地处太行腹地陵川县东南边陲，距县城45千米，与河南辉县市接壤。"我们村虽然风光秀美，景色宜人，气候凉爽，但长期以来受四面环山的地势影响，里面的人出不去，外面的人进不来。"村党支部副书记郭玉东回忆说。20世纪60年代，为了打通公路，实现走出大山的愿望，村党支部发动群众分户包段修路30年，用锤子、钢钎在悬崖峭壁上开凿出一条长达7.5千米的"挂壁公路"。修建过程中，村里牺牲2人、重伤5人、终身残疾1人。自此，锡崖沟人几十年艰苦奋斗的筑路精神被人们争相传颂。

　　随着锡崖沟被越来越多的人熟知，村"两委"充分利用生态资源优势，通过出租集体房屋让群众承包经营，引导村民兴办农家乐，推动单一的农业生产向旅游业转型发展。

　　为了让"绿水青山"变成"金山银山"，村"两委"决定借势王莽岭景区开发，大力发展康养旅游，真正让村民得到实惠。他们建成了一排排富有特色的康养民宿群和民俗作坊，完善游客服务中心等基础设施，并在村里的太行水镇沿河道修建了塑胶步道。同时，在民宿群新增了康体、足疗、SPA、茶室、酒吧等新业态，不断满足游客日益升级的消费需求。节假日，这里一房难求。

挂壁公路夜景　　　　　　　　　　　　　　　　挂壁公路一隅

　　看到村里的旅游业如此红火，村民们跃跃欲试，通过房屋租赁、景区务工和开办农家乐、土特产品店等多元经营，实现了增收致富，探索出一条"国有资本拉动＋整体规划联动＋多元发展带动"的发展路径。蓬勃发展的康养旅游让村民尝到了甜头。

　　在王莽岭景区的辐射带动下，2022 年，锡崖沟村顺利推进土地入市，将 28.42 亩集体经营性建设用地出让给太行云顶公司修建游客接待中心，村集体增收 464.7 万元。

　　如今的锡崖沟村，一步一景、一处一画，人、水、景融为一体，构成一幅绚烂的水乡画面，成为人人都想去的"网红村"。

　　"我们现在成了游客心中理想的'世外桃源'。每逢夏季，平均每天有 2000 多名游客在此避暑度假，有省内外的摄影爱好者，有结伴而行的年轻群体，也有耄耋老人，他们在山水中徜徉，感受大自然的美好。"郭玉东兴奋地说。

下一步，锡崖沟旅游度假区将围绕锡崖沟筑路原址体验、自驾穿越、"壮侠之路"步道、悬崖酒店、高端民宿、主题演艺、沉浸式体验等项目，建设20余个度假功能完善的基础设施项目和业态，建成后将成为"国际峡谷康养度假目的地"。

（栗美霞）

锡崖沟大峡谷

绝壁开天路　筋骨铸太行

　　历史上，锡崖沟村受四面环山的地势影响，里面的人出不去，外面的人进不来，祖祖辈辈被大山阻隔，发展非常落后。修路之前，锡崖沟人就住在简陋的石板房子里，与外界联系只能靠山顶和山底的喊话来进行，通往外界的路，只能靠自己的双手和双脚攀爬进行，一般人都不敢走。老百姓常说："摔死圪灵跌死猴，神鬼到此也发愁。"听起来都让人胆战心惊。

　　1962 年，锡崖沟党支部为了全村群众的出路，第一次组织修路。历经 6 个月，全村人硬是在悬崖峭壁上凿出了一条"之"字形小道，但这条路只能勉强供肩挑驴驮，称为"驴道"。 1976 年，锡崖沟人第二次修路，这次他们打算利用王莽岭西侧疏松的岩石结构撬开一条路，然而，只行进了 1 千米多，就因工程量太大、石头太硬被迫停工。这条路，非但人不能行走，反倒把王莽岭的狼引进了村子里，后被村里人戏称为"狼道"。 1979 年，锡崖沟人第三次修路，这次他们打算在王莽岭的腹底钻一个 5 米宽、1800 米长的隧道直接冲出去，然而三年时间只钻通了 105 米长，后来经技术人员勘测，告诉锡崖沟人，就是用上全村的力量，80 年也打不透，5 代人不受益，且无法排渣、排气、通风、照明。后来打了半截的洞被村里人用来圈了羊，这就是人们所说的"羊窑"。

　　三起三落，锡崖沟人共经历了 20 年的奋斗与探索。三次修路失败，锡崖沟人并不甘心，更没有死心。

　　1982 年，锡崖沟人再次举起开山筑路的大旗，这次他们吸取了前人的经验和教训，打算沿着王莽岭的边沿，"之"字形伸进。全村人分别组成团员队、"父子兵""光棍队""妇女队"，男女老少齐上阵，一起开山凿路。他们采取从上向下修的方法，分阶段进行。为了加快进程，唯一的办法只能是用粗绳和棒钉把人吊在半空中作业，赵全妞、林小宝等 10 人毅然组成敢死队，飞身挂在悬崖峭壁上，整整吊了 5 个春秋。他们的心里只有一个念头，那就是打通走出大山的路。

　　1991 年 6 月 10 日，锡崖沟人翘首渴盼的时刻到了，一大早，全村的人就堵在洞口，轰隆隆，轰隆隆，车

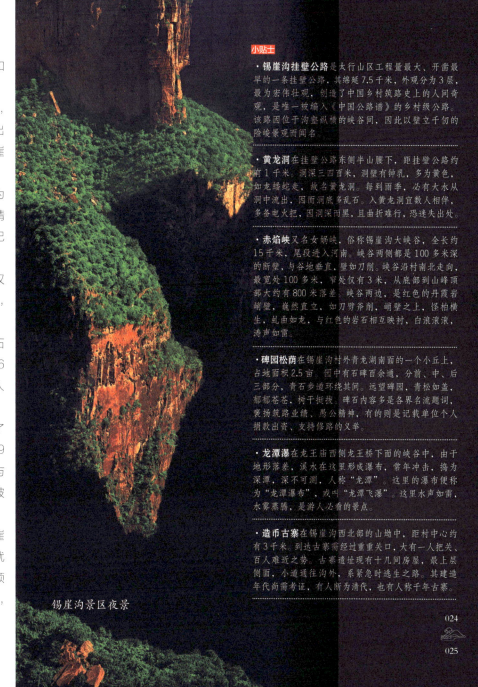

来啦，周围鸦雀无声，不知谁"哇"的一声大哭起来，全村人也喜极而泣。车来了，路通了，锡崖沟人终于走出了大山。6月28日，锡崖沟举行了隆重的剪彩仪式，当年的陵川县县长马巧珍为通车剪彩，并写下"筑路精神垂行巅"的题词，以示纪念。

为了修建这条路，仅1982年至1991年10年间，全村义务投工10.7万个，动用土方15万立方米，石方7.5万立方米，耗资59.6万元，2人不幸牺牲，5人身负重伤，1人终身残疾。如今的锡崖沟挂壁公路成了一条亮丽的风景线。2009年9月，锡崖沟挂壁公路与北京天安门、鸟巢等一起被评为"新中国60大地标"。《人民日报》评论称"锡崖沟几十年艰苦奋斗的历史就是中国人民在中国共产党领导下，奋发图强，排除万难，建设祖国的缩影"。

锡崖沟景区夜景

· **锡崖沟挂壁公路**是太行山区工程量最大、开凿最早的一条挂壁公路，其绵延7.5千米，外观分为3层，最为宏伟壮观，创造了中国乡村筑路史上的人间奇观，是唯一被编入《中国公路谱》的乡村级公路。该路因位于沟壑纵横的峡谷间，因此以壁立千仞的险峻景观而闻名。

· **黄龙洞**在挂壁公路东侧半山腰下，距挂壁公路约有1千米。洞深三四百米，洞壁有钟乳，多为黄色，如龙蟠蛇走，故名黄龙洞。每到雨季，必有大水从洞中流出，因而洞底多乱石。入黄龙洞宜数人相伴，多备电火把，因洞深而黑，且曲折难行，恐迷失出处。

· **赤焰峡**又名女娲峡，俗称锡崖沟大峡谷，全长约15千米，尾段进入河南。峡谷两侧都是100多米深的断壁，与谷地垂直，壁如刀削。峡谷沿村南北走向，最宽处100多米，窄处仅有3米，从底部到山峰顶部大约有800米落差。峡谷两边，是红色的丹霞岩峭壁，巍然直立，如刀劈斧削，峭壁之上，怪柏横生，虬曲如龙，与红色的岩石相互映衬，白浪滚滚，涛声如雷。

· **碑园松荫**在锡崖沟村外青龙湖南面的一个小丘上，占地面积2.5亩。园中有石碑百余通，分前、中、后三部分，青石步道环绕其间。远望碑园，青松如盖，郁郁苍苍，树干挺拔。碑石内容多是各界名流题词，褒扬筑路业绩、愚公精神，有的则是记载单位个人捐款出资、支持修路的义举。

· **龙潭瀑**在龙王庙西侧龙王桥下面的峡谷中，由于地形落差，溪水在这里形成瀑布，常年冲击，捣为深潭，深不可测，人称"龙潭"。这里的瀑布便称为"龙潭瀑布"，或叫"龙潭飞瀑"。这里水声如雷，水雾蒸腾，是游人必看的景点。

· **造币古寨**在锡崖沟西北部的山坳中，距村中心约有3千米。到达古寨需经过重重关口，大有一人把关、百人难近之势。古寨遗址现有十几间房屋，最上层侧面，小道通往沟外，系紧急时逃生之路。其建造年代尚需考证，有人断为清代，也有人称千年古寨。

美丽的锡崖沟景区

陵川县马圪当乡武家湾村

📍 地理位置：太行一号旅游公路陵川段 20 千米处

群山环抱，气候温暖，山峰峥嵘，河水欢流，潭瀑如玉，春天彩绿抒怀，夏天冰爽山泉，秋天山岭胜景，冬天飞雾奇观，素有"太行江南"的美称。作为晋商古道上一个重要的交通中转站，村内保留了大量的古民居和古庙宇。随着旅游业的兴起，该村大力开发旅游业，集漂、游、娱、食、住、行为一体的旅游产业已初具雏形，结合有利条件，还做强做大了花椒、核桃、水产养殖三大产业。

山清水秀的武家湾

植被茂盛的武家湾

特色旅游带动乡村致富

马圪当乡武家湾村位于陵川县城东南 50 千米处，与河南省辉县市接壤，河流绕村而过，气候温暖宜人，旅游资源丰富。近年来，武家湾村"两委"创新理念，因地制宜，划重点、解难点、推亮点，不断推进乡村振兴示范村建设。

该村投资新建 260 余亩凡桃生态农业采摘观光园区，年产量 6 万公斤，年收入 15 万元；建成 200 亩核桃经济林区，年产量 1 万公斤，年收入 13 万元；特色水产养殖——虹鳟鱼年产量 10 万尾，年收入 30 万元。将可停放 200 辆车的大型停车场和三个浅水域对外承包，费用分别为 10 万元、15 万元；其他一些场地房屋荒坡租赁费用 15 万元。这一系列举措，都为吸引四海宾朋、八方游客打下了良好基础。

同时，该村加强培育乡村管理人才，通过 2022 年的村"两委"换届工作，进一步优化班子结构，发挥第一书记和支部书记助理作用，帮助建强村级组织，发展经济；积极开展人才帮扶赋能乡村振兴，协调人社部门，积极开展农民普法培训、劳务技能人才培训、厨师技能培训、高素质女农民管家培训等，培育本村乡土文化人才、农村妇女人才，助力各项事业发展。

武家湾村是远近闻名的旅游村，被誉为"太行小江南"。依托太行一号旅游公路，该村大力发展乡村特色旅游，如今，农林文旅康融合发展已经成为武家湾村的特色亮点。村民借势大力开办农家客栈，村内从事农家旅游接待的已有 60 余户，日接待能力在 3000 人左右，农民人均纯收入 10000 余元，解决剩余劳动力近 200 人。文体广场、农家书屋、老年活动室、医疗室等活动场所一应俱全，功能完备，真正让游客玩得尽兴，让村民得到实惠。

（杨林武）

夕阳下的武家湾

小贴士

· 自然景观

山水风光——武家湾景区的山水风光非常迷人，其中最著名的景点是"武家湾大峡谷"。该峡谷全长约30千米，宽约200米，深约300米，犹如一条巨龙横卧在太行山脉之中。游客可以在此欣赏到险峻的峡谷、潺潺的溪流、飞泻的瀑布和无边的绿树。此外，景区内还有"古长城遗址""双头泉""悬棺"等景点，让游客领略到古老的历史和文化。

奇石怪岩——在武家湾景区还有许多奇形怪状的岩石和怪石，如"神仙洞""莲花峰""龙岩寺"等。这些景点都是由形状各异、大小不一、五颜六色的岩石堆积而成，游客可以在此欣赏到奇特的地质景观和自然奇观。

· 人文景观

历史文化遗迹——武家湾拥有悠久的历史文化，其中最著名的景点是"古长城遗址"。该遗址是明代的古长城，也是山西省重点文物保护单位之一。游客可以在此感受到古老的历史和文化氛围。此外，景区内还有"卧龙奇石""赵氏孤儿藏身崖"等历史文化遗迹，让游客领略到古老的故事和文化。

特色小镇——在武家湾景区有一个充满晋城风情的特色小镇，保留了许多传统的建筑和文化，如古民居、庙宇、祠堂等。游客可以在此感受到晋城传统文化的魅力，品尝当地的美食和手工艺品，参与各种传统文化活动。

· 体育运动和休闲娱乐

除了自然景观和人文景观之外，武家湾景区还提供了各种体育运动和休闲娱乐项目，如漂流、攀岩、滑雪、野营等。其中最受欢迎的项目是漂流，游客可以在此体验到刺激的漂流之旅，感受清凉的水花和急流勇进激情速度。此外，景区还有一条长约30千米的自行车道，游客可以在此惬意骑行。

武家湾特产

土蜂蜜

武家湾的土蜂蜜是营养丰富的天然食品，具有清热解毒、润肺止咳等多种功效。

陵川黑木耳

当地的特色农产品，口感鲜美、营养丰富。这里的黑木耳采用天然山泉水灌溉，品质上乘。

核 桃

武家湾地区的核桃以果大、皮薄、肉厚、口感香脆而著称。这里的核桃富含多种营养成分，是健康饮食的好选择。

柿 饼

武家湾地区的柿饼以霜厚、味甜、肉质细腻而闻名。这里的柿饼采用传统工艺制作而成，具有独特的口感和较高营养价值。

陵川县附城镇丈河村

📍 地理位置：太行一号旅游公路陵川段 14 千米

　　古代，这里是往来晋豫两省重要的商道，是典型的交通枢纽传统村落，因一条丈余宽的廖东河环村绕行而得名。村内保存有距今 200 万年的古人类活动遗址和描红岩画，有近万亩次生原始森林，森林覆盖率高达 81.7%，年平均气温 7.9℃左右，有断裂式地质地貌。近年来，该村依托太行一号旅游公路，培树新型农村经济主体，加强旅游配套设施建设，提升景区的乡村特色，做足造浓乡土风味，走上了乡村振兴的快车道。

丈河村全景

绿水青山成为"金山银山"

群山环绕，涧水长流，这里是全国最美传统村落之一；森林葱郁，康养福地，这里是"国家森林乡村""百佳深呼吸小城"深呼吸核心区；风雨廊桥，穹顶集市，这里将传统美景与现代休闲完美结合……这就是陵川县附城镇丈河村。优越的自然地理条件，奠定了丈河村生态旅游、森林康养康疗的坚实基础，让丈河村探索出一条"农林＋文旅＋康养"融合发展的乡村振兴新模式，不仅为村民带来了收入，更吸引了山里山外众多游客。

丈河村有着得天独厚的自然风光，5000 亩林草地，81.7% 的森林覆盖率，祖师顶、南崖宫、蓼东河、古民居，还有原始古朴的民俗文化，这些都是丈河发展乡村旅游的优质资源。

2021 年，丈河村利用全市建设"百村百院"康养民宿工程的契机，引进晋城市国有资本投资运营公司，大力发展新型森林康养与康养农业产业，形成"旅游＋康养＋农业＋林业＋文化"等多产融合、转型发展的新机制，农村人居环境也得到极大改善。2022 年村集体收入 50 万元，全村人均纯收入 1.8 万元。

"我们这里森林每立方米空气中负氧离子含量达 5000～80000 个。夏季入伏以后与周边城市的气温能相差十几度，自古以来就有避暑胜地和康养之地的美誉，因此每年吸引游客 10 万余人次，有效带动了 18 家民宿100 多人就业。"丈河村驻村第一书记郭志强自豪地介绍。

74 岁的李有虎家里的小院子就在进丈河村的主路上，有菜、有果、蜜蜂飞舞的小院是村里一道亮丽的风景线。李有虎老两口在院子里养了七八十箱蜜蜂，他潜心琢磨养蜂技术，一年最多有 20 多万元的收入。30 岁的王川在丈河村经营着厚德居民宿，随着丈河村立足村域特色，打造民宿康养产业，他的民宿成了热门打卡点。丈河村大部分村民过去都在外打工赚钱，如今村里产业多，很多人都选择回村，收入更是翻了几番。

在此基础上，丈河村借助独特的自然资源进一步延伸生态旅游项目，先后与山西农业大学校地合作，开展

清新靓丽的丈河村

乡镇振兴示范村建设行动；与山西耕读苑生态旅游开发有限公司合作，盘活闲置宅基地培植农业新型经营主体；联合晋城市国投公司和陵川县农投公司，托管土地开发森林康养与康养农业，建成集踏青、赏花、采摘、垂钓、观光于一体的南崖宫观光采摘园，发展花卉、苗木、干鲜果、中药材，增设乡村振兴专家大院、乡村振兴与农林文旅康培训中心。先后组织山西农大的专家教授从产业提质增效、乡村环境整治和乡村文化挖掘等方面与农村经营主体对接，对丈河村传统蜜蜂养殖、核桃树高位嫁接、芦花鸡果禽立体散养等16个项目进行改良和指导，不仅保证农业增产、农民增收，还培养了一大批"土专家""田秀才"，形成"农业＋林业＋文化"服务"旅游＋康养"，"旅游＋康养"又反哺引导"农业＋林业＋文化"等产业转型发展的多产融合机制。

如今，穹顶集市、法式餐厅、特色民宿、38千米赛道小环线、明清盐商茶道、"风雨廊桥"等标志性建筑魅力彰显，村美、业富、家兴、人和的丈河村逐步走向振兴。 （刘桂梅　裴彦妹　李钰珏）

美丽的丈河村

丈河村内一角   河畔餐厅   穹顶集市

小贴士

　　丈河村旅游景区是国家 AAAA 级旅游景区，被誉为"太行山上最美村庄"，是以自然景观为主体的森林公园、湿地公园，以人文景观为主体的乡村旅游区。

·观鸟旅游　　丈河的自然景观资源丰富，是观鸟胜地。全村森林覆盖率高达 81.7%，有野生鸟类 150 余种。每年冬季是观鸟的黄金季节，成千上万只候鸟在这里繁衍生息，为乡村旅游增添了浓墨重彩的一笔。该村因自然风光优美，被林业部命名为"中国观赏候鸟第一村"。

·漂流地　　丈河村漂流地漂流河段全长 1.2 千米，总落差 300 米，落差最大处达 178 米，漂流时长 2 小时 12 分，是一条极具挑战性和观赏性的新型漂流线路。

·农耕文化　　丈河村以农耕文化为核心打造的民俗风情小镇、农耕文化园以及生态农业等一系列农耕主题景点，涵盖农耕用具、民俗民风、农事活动等农耕文化内容。

·生态农业　　丈河村属典型的平原农业村，土地肥沃，拥有耕地 2400 亩。该村通过有机生态、无公害食品种植，打造了有机农业、有机农产品品牌，并成立了"丈河村生态农业发展有限公司"，打造了"小菜园、大产业"的美丽农业模式。

·民俗体验　　丈河村民俗体验基地占地 1000 余亩，是一个集民俗文化交流、休闲娱乐和美食购物为一体的综合性民俗文化体验基地，已建设完成各类项目 30 多个。

泽州县柳树口镇南寨村

📍 地理位置：太行一号旅游公路泽州段

　　东临林海，北靠群山，西南环水，光照充足，冬暖夏凉，村中山泉终年不断，年平均气温11.5℃，全年雨水充沛，适于多种农作物生长。由于独特的地理气候条件，该村有丰富的中药材资源禀赋，每到收获季节，村民们都会到附近山上采掘山楂、连翘、黄芩、党参等中药材。近年来，泽州县以南寨村生态资源为基础，以合聚森林公园为主导，以当地特色民宿为亮点，以具有品牌特色的农家乐为牵引，连点成片，串联互通，打造出前后连贯的系列医养项目。

南寨村全景

南寨驿站

"公路+旅游"助力乡村振兴

近年来,泽州县柳树口镇南寨村大力推进"公路+旅游"融合发展,让太行一号旅游公路成为景点之间串联路、旅游资源开发路和惠及百姓增收路,有效助力乡村振兴。

在南寨村村边, 一处新建成的驿站成为地标性建筑,干净整洁的小广场上,造型各异的座椅有序排列,还配套有卫生间和洗手池,优美的环境不仅让村民们身心愉悦,也带来了增收的机遇。

推进乡村振兴的过程中,南寨村从实际出发,借助太行一号旅游公路建设的有利契机,沿线开发旅游产业,形成以党建为引领,以优势产业为核心,配套产业为补充的"1+N"康养产业发展新路径。先后引进娲皇产业园、白洋泉鱼庄、东篱民宿、蜜蜂养殖等多种业态落户,实现集体创收20余万元的经营成果。

"家里有 4 亩半地，以前一直种玉米和小麦，改种连翘以后，收入一下就上来了！"钱袋子鼓起来了，南寨村村民秦转萝难掩内心的喜悦。

　　南寨村地处太行山最南部，既有丰富的中药材资源，又处在晋豫交界的交通要冲，建设中药材集散中心有着得天独厚的优势。每年到了收获季节，村民们忙完了家里的农活，都会到附近山上采掘连翘、黄芩、党参等中药材。柳树口镇辖区内 40 多万亩的荒山中野生连翘年产量达数千吨。

　　如今，南寨村通过借力太行一号旅游公路，相继打出一套抓产业、促创新、美环境的系列组合拳，文旅康养产业已基本成型，集体经济形成合理产业布局，呈现出良好的发展态势，有效促进了乡村振兴战略落地生根，开花结果。

　　下一步，南寨村继续借助太行一号旅游公路发展旅游，充分利用村里闲置的宅基地，联合合聚集团建设智慧医养民宿，真正把现有的环境优势发挥出来，把南寨村打造成全县康养特色村。

（靳哲荣）

环境优美的南寨村

丹水合聚　医养南寨

　　仲秋时节，走进位于泽州县柳树口镇南寨村的合聚·恬苑康养基地，彩叶起伏错落，宛如一幅幅油画，秋色尽显，美不胜收。

　　南寨村坐落在太行一号旅游公路环线核心区域，拥有二山一河（"中国赏月名山"珏山、"女娲补天"美丽传说浮山和晋城市母亲河丹河），境内绿树葱郁，诸山环抱，空气清新，森林覆盖率 85% 以上，是大自然恩赐的天然氧吧。占地 13 平方千米的"合聚·恬苑"森林公园康养基地就坐落在美丽的南寨村。

　　"合聚·恬苑"森林公园康养基地是近年来合聚集团重点围绕"医养结合"产业布局，依托南寨得天独厚的阳光、气候、森林、河流等自然生态资源，全力打造的以"丹水合聚 医养人家"为主题，集"智慧旅居＋森林疗愈"特色为一体的全龄段、全时四季康养新业态。目前已建成集吃、住、游、健、体、购于一体的康养基地，涵盖餐饮住宿中心、休闲健身中心、智慧康养展示中心、医疗服务中心等多个业态，可为游客提供"智慧医疗""康复护理""健康养生""药膳强身""森林健体""文化休闲""青春学院""学术交流"等一体化综合康养服务。

合聚·恬苑康养基地全景

合聚集团依托合聚森林公园，高标准、高起点谋划了"一河两岸、一园五区"的"康养+"产业布局。既围绕晋城的母亲河两岸，建设"合聚·恬苑"国际"医养"旅居区、食疗"药养"区、生态"游养"区、静心"禅养"区、运动"体养"区康养基地"五养"新格局。2019年开园以来，已累计接待康养旅居、休闲拓展7万余人次。

同时，依托集团医疗、物业、教育等成熟的产业优势和森林公园康养基地的生态优势，森林公园还精心打造了青少年森林探秘、专业拓展场地、森林健身跑道、草坪聚会、特别典礼、西式婚礼、婚纱摄影、游船码头、赏月观景台等多个主题场景，还有音乐会、露营、世界杯观赛场地等，成为城市年轻人聚集的好地方。

随着晋城市"一核、两环、两带、多片"文旅康养新发展格局战略的出台，合聚集团又将发展目光锁定"丹河新城"，一个规划占地总面积65亩、总建筑面积15万平方米、计划投资10亿元的合聚健康产业园项目应运而生。项目建成后，预计每年医疗健康收入3亿元，利税创收5000万元，可同时容纳1500人左右的医疗、养老需求，解决当地及周边100千米内的中高端健康养老需求，打造成一个集"医、康、养、产、教、研"于一体的健康产业示范园区。

（王小东）

合聚康养综合楼

泽州县巴公镇山耳东村

📍 地理位置：太行一号旅游公路泽州段大阳支线 10 千米处

　　山耳东村是晋城市第一个党组织创始人陈立志烈士的故乡，红色文化底蕴深厚。近年来，该村依托周边山水资源优势，围绕"美丽乡村＋康养生态"，利用山林资源发展生态农业、观光农业，兴建苹果、桃、梨、山楂、核桃等果园300多亩，形成"山顶松柏戴帽，山中果树缠腰，山下杨柳环绕"的绿化格局。同时，该村大力发展集水上娱乐、烧烤、采摘、农家乐等多元化元素为一体的乡村旅游，大胆迈出了产业振兴的新路子。

山耳东村一隅

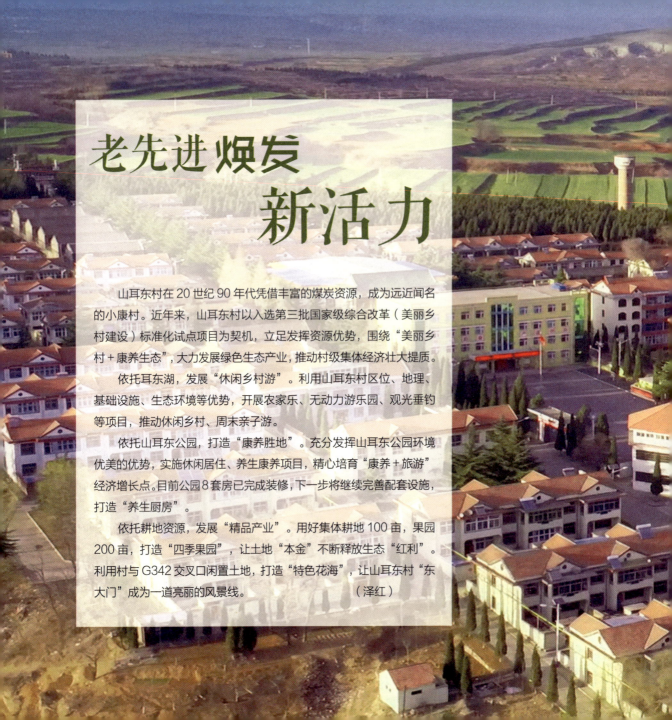

老先进焕发新活力

　　山耳东村在 20 世纪 90 年代凭借丰富的煤炭资源，成为远近闻名的小康村。近年来，山耳东村以入选第三批国家级综合改革（美丽乡村建设）标准化试点项目为契机，立足发挥资源优势，围绕"美丽乡村＋康养生态"，大力发展绿色生态产业，推动村级集体经济壮大提质。

　　依托耳东湖，发展"休闲乡村游"。利用山耳东村区位、地理、基础设施、生态环境等优势，开展农家乐、无动力游乐园、观光垂钓等项目，推动休闲乡村、周末亲子游。

　　依托山耳东公园，打造"康养胜地"。充分发挥山耳东公园环境优美的优势，实施休闲居住、养生康养项目，精心培育"康养＋旅游"经济增长点。目前公园 8 套房已完成装修，下一步将继续完善配套设施，打造"养生厨房"。

　　依托耕地资源，发展"精品产业"。用好集体耕地 100 亩，果园 200 亩，打造"四季果园"，让土地"本金"不断释放生态"红利"。利用村与 G342 交叉口闲置土地，打造"特色花海"，让山耳东村"东大门"成为一道亮丽的风景线。　　　　　　　　　　（泽红）

排列整齐的民居

山楂

　　山楂又名山里果、山里红，蔷薇科山楂属，落叶乔木，叶片宽卵形或三角状卵形。山楂在我国具有悠久的栽培历史。

　　山楂含有丰富的维生素和多种矿物质，性味酸、甘、温，具消食健胃、活血化瘀之功效。《本草纲目》记载："山楂有健胃、补脾、消内食积、引结气、活血、散瘀、助消化之功……凡脾弱、食物不克化、胸腹酸刺胀闷者，于每食后嚼二三枚绝佳。"《日用本草》记载："山楂化食积、行结气、健胃宽膈，消血痞气块。"《中药大辞典》记载："山楂味酸，入脾、胃、肝经。"

　　山楂树浑身是宝。中国人食用山楂已有数千年的历史，山楂叶的食疗保健和药用价值同中药一样逐渐被国人所认识和接受。早在东晋《肘后备急方》中就有山楂叶"茎叶煮汁，洗漆疮"的记载。随着当前药食同源产品的迅猛发展，具有医疗保健作用的山楂叶茶越来越受到消费者的青睐。

资源分布

山楂在我国有广泛栽培，山西省山楂主产于晋南及晋东南等地，其中泽州红山楂、闻喜七里坡山楂、绛县山楂为农产品地理标志产品。泽州红山楂肉味醇、酸甜多胶质、耐贮藏，被称为"山楂王"。山楂叶提取物是治疗各种心脑血管疾病的良药，泽州县生产的山楂叶提取物在国内市场销售占有率达 98%以上。

山楂叶茶

山楂叶茶是以山楂叶为原材料，以传统医学理论为基础，结合现代营养学理念，采用现代制茶工艺，经挑选、去梗、清洗、杀青、脱水、揉捻、杀二青、炒制、分级等多道严谨工序制作而成。加工工艺在最大限度上保留了山楂叶中的各类营养元素，将山楂叶片中的营养和保健价值发挥到极致。山楂叶茶口感纯正、清香淡雅、保健效果好。

此外，还利用山楂开发各种拼配茶，如山楂枸杞茶、山楂红枣茶、山楂菊花茶、山楂陈皮茶、银杏山楂茶和丹参山楂茶等。

泽州县大阳镇东街村

📍 地理位置：太行一号旅游公路泽州段大阳支线

　　东街村位于大阳镇西大阳村中心地段，属于中国历史文化名镇、国家AAAA级景区大阳古镇区域内，东大路从村域通过，新、老街与村内道路纵横交错，交通便利。该村历史悠久，民风淳朴，文化底蕴深厚，古遗址、古遗迹、古民居、非物质文化遗产众多，被评为国家级"中国传统村落"、市级"农村人居环境整治星级村"、县级"革命老区重点村"。近年来，该村依托区位优势，积极探索文旅康养产业的发展，对明清时期有影响的官居商宅进行有序开发，对街巷楼阁进行修缮和重建，走上了乡村振兴之路。

东街村一角

古村焕新颜 奏响「振兴曲」

大阳镇东街村是个有着深厚历史文化的古村落，近年来，随着旅游业的兴起，该村依托居于国家 AAAA 景区大阳古镇的区位优势，积极探索旅游兴村发展之路。

围绕文旅康养融合发展，东街村"两委"加大投资力度，进行基础设施建设，完成了水网改造，接通了气、暖，方便了群众生活，建成标准化水冲式公厕，实施街巷亮化硬化绿化工程，电视、电话、宽带网络达到全覆盖。一系列的改造和建设，使东街村走上了生态美、产业兴、百姓富的高质量发展道路。

整治农村人居环境是建设生态宜居美丽乡村的重要抓手。东街村抓住全市整治农村人居环境的机遇，清运了村里村外的垃圾，填埋了臭气熏天的旱厕，对原冶炼厂的渣坡填土覆盖，进行了美化和绿化，打造了一些地标式景观，东大公路两侧种植风景树木 750 余棵，和谐北路种植樱花树 140 余棵。

东街"两委"通过深入调查，对村里明清时期有影响的官居商宅进行有序开发，坚持修旧如旧的原则，先后对金家大院、旗杆院等进行了修缮，并将中共晋城中心县委驻地原址进行修缮，建成了红色展馆和太行精神历史教育馆。

为丰富农村业余文化生活，建设了活动广场，安装了健身器材，组建"民俗文化表演队"和"阳阿汉舞"两支文艺表演队，每逢重大纪念活动和旅游旺季进行表演。与此同时，对历史文化和红色文化进行深入挖掘和整理，撰写了具有历史研究价值的文史资料，不少文章见诸报刊媒体，进一步提高了东街村的知名度，使得八方游客慕名而来。

文化旅游业的兴起，吸引着一些成功人士的眼光，他们瞄准商机，投资 200 余万元，对张家院及周边几个院落进行修缮、整合、改造、提升，建设了霓芷小院，集餐饮、住宿、康养、研学为一体。自营运以来，收到了良好的经济效益和社会效益。

随着农村土地改革和确权制度的实施，东街村从村民手中流转土地 500 余亩种植高粱，与邻村一分街村联体打造农业产业园，把种植产业与旅游产业融为一体，既有旅游观赏价值，又有农作物经济收入价值，做到旅游、种植双丰收。

文旅康养产业的发展，还拉动了一系列"土"字辈产业的发展，大阳美食馔面、凉粉、石子干饼、米面煎饼等备受青睐，一些农副产品使村民们在家门口就可增收。（侯全明）

华灯初上的东街村

大阳古镇

　　大阳古镇位于晋城市泽州县太行山麓，有超过2600年的历史。古镇拥有规模宏大的明清古建筑群，被称为"中国古城镇活化石"。漫步古镇，城池寨堡、官宅商居、楼阁津梁、寺庙祠庵比比皆是，一砖一石、一草一木都散发出沧桑的韵味。

　　该镇在历史上曾经历了多次重要的行政划分，包括秦朝时期的置县、汉朝时期的封侯以及后来的郡治所，这些经历使得大阳古镇在中国历史上占据了重要地位。

　　大阳古镇不仅历史悠久，而且文化灿烂。在明清时期，这里出现了许多文人雅士和官员，其中包括色艺双绝的赵飞燕，首创诸宫调的孔三传，耿介不阿、上万言书的茹太素，以及为国家捐躯的武状元张大经等人，他们给这座古镇增添了许多光彩。

大阳古镇景区

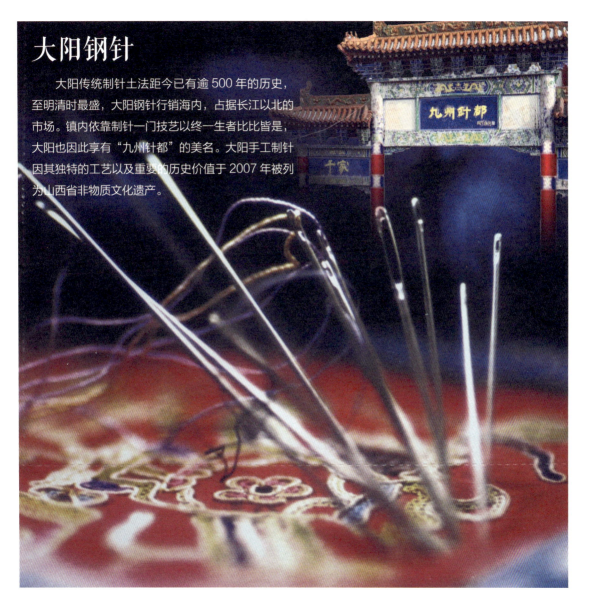

大阳钢针

    大阳传统制针土法距今已有逾 500 年的历史，至明清时最盛，大阳钢针行销海内，占据长江以北的市场。镇内依靠制针一门技艺以终一生者比比皆是，大阳也因此享有"九州针都"的美名。大阳手工制针因其独特的工艺以及重要的历史价值于 2007 年被列为山西省非物质文化遗产。

在大阳古镇景区内，有一家以手工制针为主营的店铺——李记针店，店铺面积不大，摆放着形形色色的手工制针。一枚小小的钢针，看起来比较简单，却需要72道工序，所以叫"铁杵磨成针"。大阳钢针的针孔是圆的，和现在的机制针比较起来，大阳钢针穿针引线非常方便。

千年技艺传承的背后是匠人精神，来到店里一定要听一听李连五老掌柜传唱的趣味横生、独具地方特色的《卖针歌》：

头号钢针明晃晃，赛过子龙一杆枪。

每天随我去打仗，黑夜回家缝衣裳。

阳阿古巷又闻《卖针歌》

中央电视台《文明密码》摄制组在大阳采访报道手工制针工艺

① 生火

② 凿条

③ 滚圆

④ 截断

⑤ 锤扁

⑥ 搓尖

⑦ 热淬

⑧ 冷淬

⑨ 制碳末、制土末、制豆豉

⑩ 蒸针

⑪ 抛光

⑫ 太阳钢针

大阳馔面

　　大阳馔面作为一道大阳独具特色的面食，可谓远近闻名，已于 2011 年入选第三批山西省非物质文化遗产保护项目。民间传说馔面源自汉代宫廷，原为钟鸣鼎食之家才能享用的佳品，后流传到民间，成为百姓人家办喜事，用来招待客人必不可少的一种主食。

　　馔面的制作工艺比较复杂，配料也很讲究，制作好的馔面光亮透明，风味独特，口感光滑，吃一口回味无穷。

　　走在古镇老街，馔面商铺比比皆是，"老范馔面"是不少游客美食攻略的必打卡点，"古镇第一面"的招牌高高挂起，范锁喜是大阳馔面的非遗传承人，他最大的心愿就是这一碗面能走出晋城，走向更大的市场，成为宣传晋城的一个新招牌。

制作馔面

坩埚冶铁

坩埚冶铁为传统作坊式冶炼方法，简单易学，因此成为民间冶铁的主要方式，坩埚手工冶铁于 2009 年被评为县级非物质文化遗产。

在大阳古镇的制铁馆里，大量铁器、炭火呈现眼前。大到中国冶炼技术的骄傲与荣光，小到身边的铁物，这里都能寻见，置身此处，隐约能看见一个时代的光辉。

铁锤声声，是大阳古镇最悠长的吟唱。"叮叮当当叮叮"，横锤竖锤重重轻轻，像踩踏的鼓点在耳边掠过。曾经熟悉的铁匠，渐渐在人们的生活中远去，然而精益求精的铁匠精神早已散落在这里的每个角落。

▲ 古代冶
铁坩埚

▶ 古法制
铁馆

城区钟家庄街道 洞头村

📍 地理位置：太行一号旅游公路城区段 5 千米处

洞头村三面环山，一面临河，村落幽静，环境优美，历史上因山中有洞，如藏在深闺，故名洞头村。该村历史悠久、文化厚重，古迹遗址散落其间，是探幽访古的好地方。抗战期间，洞头村凭借得天独厚的地理优势，成为远近闻名的抗日堡垒村。改革开放以来，自强不息、不甘人后的洞头村人民开山辟路，引水解困，彻底改变落后面貌。2009 年 5 月 24 日，习近平到洞头村视察调研。洞头村人牢记嘱托，不断探索，坚持走好生态、旅游、文化发展之路，在乡村振兴中争当典型、竖起标杆。

天然氧吧洞头村

村企共建　奏响乡村振兴新乐章

　　沿着蜿蜒流淌的白水河，走进被市民誉为"市区后花园"的城区洞头村。虽然天气日渐寒冷，但是洞头村干部群众却没有闲下来。

　　洒水扫地，擦抹桌椅板凳，农庄老板申文龙夫妻一大早起来就在刚刚建成的遮阳棚下忙碌着，这是他们多年形成的一个习惯，只要开了门就要早早做好随时接待游客的准备。

　　正在一路之隔的美食广场指挥提升改造扫尾工程的洞头村大学生村干部李嘉诚，指着申文龙家的遮阳棚说："这是村里协调、政府扶持建设的，既美观实用又比原来的旧棚扩大了将近一倍，硬件设施上了一个档次。"

　　近年来，洞头村科学谋划，及早动手，在大洞头宸文旅公司协助下，对美食广场、部分民宿等进行改造提升，开启了乡村振兴新征程。

　　说起下一步的打算，站在村里整洁干净的麦田广场，望着长势良好的绿油油的麦田，洞头村党支部书记、村委会主任张芳芳如数家珍："现在美食广场提升改造正在进行通水通电，已经接近尾声。房屋立面改造紧锣密鼓，全面铺开。南山步道、灯杆、绿化等基础设施改造前期各项工作也已积极展开。新建高端民宿工程顺利推进，这一系列工程完成后，将为进一步做大做强洞头生态旅游等产业打下坚实基础，让洞头发展越来越红火。"

洞头村牌楼

拓宽后的洞头村公路

有着上千年历史的洞头，因山中有洞而得名。村子三面环山、一面临河，山色苍翠、村落幽静，林地面积达到 3200 亩，森林覆盖率达到 95% 以上，集林海、峡谷、山泉、古迹于一体，被誉为"世外桃源"，是天然的氧吧。

　　党的十八大以来，洞头村深入践行绿水青山就是金山银山的发展理念，依托得天独厚的自然资源优势，快速改善基础设施，大力提升环境质量，建成 2.1 千米的双向快速路，公交车更是通到了家门口。同时与浩翔集团牵手成立大洞头宸文旅公司，大力发展农家乐等生态旅游产业，建了研学中心、廉政教育基地、游客中心、麦田广场、儿童广场和美食广场，特色民宿、山间小木屋别具一格，使洞头村旅游产业迸发出更大活力。村民人均收入达到 2.1 万多元，在乡村振兴的路上实现了由"跟跑"到"领跑"的飞跃。

　　"现如今，颜值不断提高的洞头村，已经成为生态旅游、休闲度假、红色研学、廉政教育的优质口碑目的地。累计接待各类游客和培训人员 20 余万人，带动附近村民就业 200 余人。"大洞头宸文旅公司总经理冯光霞满怀信心地说。

　　"山美水美的洞头村在党的政策指引下，将继续深入践行绿水青山就是金山银山的发展理念，村企共建手牵手，做大做强生态旅游等主导产业，让群众真正端好旅游致富金饭碗，齐心协力奏响乡村振兴新乐章，继续当好乡村振兴的领跑者。"张芳芳对洞头村的未来充满信心。　　　　　　　　　（张晓东　陈栋　李红强）

小崆峒栈道

农家乐

小贴士

- **廉政教育基地**：以"永远在路上"为主题，传播新时代党中央反腐倡廉精神，以案促改给予游客强烈的震撼与洗礼，警醒大家警钟长鸣，利剑高悬，永葆初心。

- **村史馆**：踏上时空之旅，领略洞头1200多年的历史文化底蕴与顽强拼搏精神。从唐宋辉煌到改革开放、全面小康，从脱贫致富到洞头速度，这里记载了传承古今的"洞头精神"。

- **农业科技展览馆**：以展示农业生产工具、农作物物种和农业生产流程等为主的农业博物馆，增长游客的农业知识。

- **登山步道**：木质的台阶曲折蜿蜒、悠长无尽，攀登而上，沿途看万山红遍层林尽染，让人情不自禁燃起对自然和生命的热爱。

- **麦田广场、大任石**：视野开阔，风景优美，可以看到苍翠的南山和大片的麦田，麦收季节，可以在这里体验一回农事农活，感受农耕文化，与村民们共同分享丰收的喜悦。麦田中间被一双手托举着的大石头取名为"大任石"，寓意天将降大任于斯人也。广场处常态化开展旗袍秀民俗活动、非遗展示、文化进万家、"最晋城 最动听"麦田音乐会等节庆活动，展示乡村振兴新风貌。

- **阳光麦田营地**：采用先进的森林教育课程体系，融合团队训练与党史宣传，打造亲子产品，寓教于乐、寓玩于学，为家庭教育提供多元化的指导，让孩子们感受自然、亲近自然，在户外游戏的同时得到多方面的素质提升。

- **清风壁、琵琶泓**：清风壁位于琵琶泓东岸的高崖之上，是古人居高临下观看琵琶泓及飞瀑彩虹的地方。崖壁平整如削，上题"清风壁"三个大字，为宋代泽州郡守王元所题，石壁上有唐天宝五年（746）权澈诗刻，金泰和五年（1205）杨庭秀题壁诗，另外还有宋嘉祐七年（1062）摩崖题名记、宋政和元年（1111）题记及清代人陈观、袁铖等写的观览琵琶泓的诗篇。

- **生态采摘园**：苹果、李子、桃子等种类繁多，硕果压枝，果蔬飘香，亲自动手采摘，享受纯绿色食品，体验健康生活。

来洞头村参观的游客络绎不绝

阳城县北留镇皇城村

地理位置：太行一号旅游公路支线 4 千米处

皇城村位于沁河岸畔，是清代名相、《康熙字典》总阅官陈廷敬的故居。后因康熙皇帝曾两次驾临，改称皇城村。皇城相府是村中标志性传统建筑群，集古代民居、官宦宅府、祭祀神祠和防御工程为一体。近30 年来，皇城村经过"煤炭工业—文化旅游—高新技术"的"三步走"发展历程，先后建成皇城相府国家 AAAAA 级文化生态旅游景区，发展起生物制药、新能源汽车、蜂蜜酿酒等高新技术企业，成为一个拥有 20 个企业、70 亿元总资产、6000 名员工的村企集团"皇城相府集团"。

皇城村一隅

串联五村
绘出共同富裕同心圆

一排排别致的别墅，一条条平坦的马路，设施齐全的休闲广场，其乐融融的幸福生活，这就是阳城县北留镇皇城村，是曾辅佐康熙半个世纪之久的一代名相陈廷敬的故里，也是山西省第一个"中国十佳小康村"。

曾经的皇城相府，仅是一座尘封在历史里的古城堡；而曾经的皇城村，也只是一个隐藏于太行山深处的小山村。

20世纪80年代，同大多数中西部农村一样，皇城村村民吃饭靠老天，花钱靠猪鸡，人均纯收入不足60元。

在村委会的几番思忖下，该村以"煤炭工业立村、文化旅游兴村、科技人才强村"为发展战略，一届一届强势推进。

皇城村民居

小贴士

· **皇城相府**建筑群面临樊溪，背倚樊山，建筑互借屋顶平台，高低错落，空间变化丰富，形成独特的山地建筑风貌。为了满足通风、采光、避暑、御寒等生活要求，正房往往背向主导风向，形成坐北朝南的院落布局。高高的城墙围合十六座大院，六百四十间房屋。城中殿阁高耸，与静屏山相映成趣，人们把这道景观叫作"黄阁青山"，是皇城古八景之一。

· **御书楼**建于清康熙五十三年（1714），因楼上珍藏有康熙皇帝御书而得名。"午亭山村"匾额和"春归乔木浓荫茂，秋到黄花晚节香"楹联是康熙皇帝晚年为陈廷敬所题，是对陈廷敬一生功绩卓著、晚节昭明的充分肯定和高度评价。

· **中道庄**为皇城相府外城，陈廷敬府邸，建于明崇祯十五年（1642）。城内建筑气势恢宏，风格独特，文化底蕴深厚，历史遗存丰富，极具游览观赏和历史研究价值。

· **大学士第**俗称相府院，始建于明朝末年，于清初至康熙四十二年（1703）间，屡经改建而成。整个建筑布局为前堂后寝、东书院、西花园、小姐院、管家院。院内迎客大厅"点翰堂"匾额为康熙皇帝褒奖陈廷敬所题。康熙皇帝曾两次到此，并在此下榻。

· **石牌坊**约建于康熙三十八年（1699），是陈廷敬官居吏部尚书时奉旨而建。整座牌坊四柱三门，高大雄伟，蔚为壮观。坊额雕龙镂凤，基座瑞兽环拥，上面详细记载着陈氏家族一门五代人的官职和功名，是研究陈氏家族发展的真实佐证。

· **斗筑居**是陈廷敬父辈所建。城内多为明代建筑，有大型院落八处，房屋数百间，层楼叠院，错落有致，依山就势，鳞次栉比，集古代民居和城防工事于一体，堪称一座丰富多彩的明代古建艺术博物馆。

· **文昌阁**供奉文昌帝君。文昌帝是中国古代神话传说中主宰文运功名的神祇。陈氏家族修建内城时在城墙险要位置建造文昌阁，供奉"文昌帝君"，后来果然人才辈出，科甲鼎盛，被称为中国北方第一文化大家族。

· **河山楼**建于明崇祯五年（1632），是陈氏家族为防战乱而建筑的工事，楼内生活设施一应俱全，曾有八百人在此避难，无一受伤。如此高大的建筑物，虽经四百余年风雨沧桑，仍巍然屹立，雄姿依旧，可谓明清建筑史上一大奇迹。

皇城相府景区情景式表演

从 1998 年开始，举村搬迁、古迹维护、旅游开发、历史考察……历时 3 年多，皇城相府发生蜕变，成为带动全村经济发展的优势产业。依托皇城相府，2003 年皇城村成立村集体经济组织——皇城相府集团，从此迅速走上又好又快发展之路。

近年来，皇城村全力打造"旅游景点 + 宾馆酒店 + 文化演艺 + 农家乐"大旅游格局，坚持把现代服务业作为富民之路，形成一条"吃、住、行、游、购、娱"功能齐全的完整产业链，年接待游客 200 万人次，门票、餐饮、住宿等直接收入 1 亿多元，旅游综合收入 3 亿多元。带动皇城村及周边村发展起"农家乐"、特色民宿及相关商户 400 多个，解决村民就业 3000 多人，村民人均收入达 6 万多元。

发展旅游业的同时，皇城村的产业触角伸向更广泛的领域。

2018 年开始，依托南太行丰富的蜂蜜资源，皇城相府集团开始生产蜂蜜发酵酒。位于皇城相府生态园北侧的蜂蜜果酒厂拔地而起，全国首条具有自主知识产权的规模化蜂蜜酒生产线建成。

经过 5 年发展，如今的蜂蜜果酒厂，已成为集工业旅游、生产于一体的现代化工业园区，是目前中国最大的蜂蜜酒生产基地，年产能可达到 5000 吨，可实现年产值 10 亿元，税收 2.8 亿元，利润 2.6 亿元，解决就业 500 余人，带动 1500 余户蜂农致富。

一边是皇城村不断发展壮大的集体经济，一边是与皇城村毗邻的郭峪村、史山村、沟底村、大桥村四村，却因产业转型不成功，发展陷入困境。

皇城相府集团蜂蜜酒生产线

皇城村采用管道式水培蔬菜技术种植无公害绿色蔬菜

　　"一村富了不算富，带动周边村庄走向共同富裕才是真正的富裕。"皇城村党委书记、村委会主任、皇城相府集团董事长陈晓拴说。2018年，皇城村与周边四村签订了"五村一体化发展合作协议"，系统整合周边旅游资源，构建五村旅游产业联盟，形成"1+4"连片发展的"大旅游"格局。

　　"我们整合了郭峪古城景区、海会书院景区、九女仙湖景区、蟒河景区，合力打造'樊溪河畔共同富裕先行区'。"陈晓拴介绍说，总体按照"资金＋资源"模式，皇城村主要投入资金，其他四村主要以资产入股，每年促进各村集体经济增收100万元～300万元。

　　如今，在皇城村这座北方村庄里，从保障生活基本需求开始，村民们享受着包括住房、医疗保险、教育、吃、用等20多项福利。大到医药费报销，小到孩子的营养费和家中的菜肉补贴，每年人均受益8000多元。

　　皇城村富了，村民们也富了，原先仅有800人的小山村变成了一个拥有5000余人的美丽乡村，一幅"绿树村边合，青山郭外斜"的人文山水图再现皇城。

（武笑）

皇城相府威风锣鼓表演

· **屯兵洞**是战乱时期驻守家丁的窑洞。因地制宜，层层递进，洞间三五相连，层间暗道相通，出入方便，直达城头。攻防兼备，独具匠心。

· **春秋阁**供奉关圣帝君。关帝即三国时期的关羽，关公以"义"著称于世，故被历代帝王屡次加封，皇城陈氏家族建阁供奉关帝，既是对忠孝节义封建道德观念的推崇，同时也期待保护陈氏族人世代平安。

· **小姐院**是陈氏闺中小姐及侍从女眷居住的场所，其院落与西花园过厅相通，专供小姐们吟诗作画，对弈弄琴。该院室屋顶形式采用券棚顶，风格独特，屋身低矮。

· **陈氏宗祠**是陈氏家族供奉祭祀祖先的祠庙。建于明嘉靖年间，结构为两进院落，前为祭祖堂，后为先贤祠。陈氏后辈把宗祠建在内城的中轴线上，除了表示对已逝祖先的崇敬之意外，还希望先祖们能福荫后世，保佑家族繁荣昌盛，永世不衰。

· **紫芸阡**是清文渊阁大学士陈廷敬的墓地，占地面积1.6万平方米。神道前整齐地竖立着康熙帝御制的挽诗碑和十座神道碑林，上面镌刻着朝廷对陈廷敬功绩的屡次表彰及逝世前后特殊礼遇的记载。

· **古文化街**是皇城相府早期商业繁荣的有力见证，占地面积近万平方米，现仍为皇城相府商贸购物区。

阳城县北留镇郭峪村

地理位置：太行一号旅游公路支线 4 千米处

郭峪村是明代顺天巡抚张鹏云、清代刑部侍郎张尔素、明末清初大富商王重新的故居所在地，是清代文渊阁大学士陈廷敬长大成人的地方。该村规模宏大，形制完备，有城垣城楼、官宦府邸、宅第民居、庙宇祠堂、店铺作坊、苑囿园林、门楼影壁等，有"中国乡村第一城"之称。建筑群大多为明清时期建筑，现存传统院落在建筑格局、形式、材料以及工艺等方面保持原状，整体设计和营造均出自当地工匠之手，是地方建筑文化的真实体现。

郭峪古城夜色

"夜旅游"带活"夜经济"

每天傍晚，阳城县北留镇郭峪村这座历史文化古城烟火气十足，游客如织，热闹非凡。但鲜为人知的是，古城今日的热闹经历了郭峪村民无数次的"头脑风暴"。

郭峪村紧邻全国闻名的皇城村，是国家 AAAA 级景区、中国历史文化名村。这里于唐朝建置，是"中国清代北方第一文化巨族"皇城陈氏家族九世祖居的地方，这里有 33 米高的"豫楼"，长达 1400 米的明代古城墙，

典雅的民宿

城中官宅民居各具特色，官宅豪华、民居典雅、古庙森严，是独具特色的明清古建筑群。中国古建专家罗哲文先生曾赞誉其为"中国民居之瑰宝，雉堞高城郭峪村"。络绎不绝的游客慕名前往皇城村的时候，途经郭峪，都会回望那座漂亮的古城墙。

历史上的郭峪经济发达，文风鼎盛，人才辈出，明清时期共出过25位举人、16位进士，阳城县一带流传有民谣："郭峪三庄上下伏，举人秀才两千五，如果清点不够数，全由屯城小城补。"

尽管有丰厚的文旅资源，但由于旅游业投资大、周期长，2019年之前，郭峪村的辉煌只存在于老人们的记忆中。2018年，皇城村、郭峪村、史山村、大桥村、沟底村五村旅游产业联盟建立，郭峪村迎来了重大发展机遇。有了投资和规划，古城里的违建拆除了，城里的村民搬进了新村，古城风貌重现。同时，村里建起了高端民宿。从那时起，村里的旅游发展走上了快车道。

五村联建，是机遇也是挑战。一方面，得益于联盟雄厚的资金优势，郭峪村的旅游硬件设施全部上了台阶；另一方面，五村联建的同质化竞争，让郭峪村人陷入思考。古堡有皇城，文化有海会寺，自然景观有史山，郭峪的优势是什么？

看着修缮一新的古城，想着投资那么大，光民宿改造就花了2000多万。白天村里还有从皇城村下来的游客，可到了晚上，村里空荡荡的，郭峪村党支部书记张进军看在眼里，急在心头。

如何吸引游客，快速给景区集聚人气？2020年，张进军邀请当地网红来到村中进行网络直播，并组织村民唱歌跳舞。借助网络传播，郭峪村被越来越多的人熟知，很多人来到这里观光游玩，最热闹的时候，景区一晚上接待了4000多名游客。此外，还有很多文艺团体因为当地良好的环境和氛围慕名前来演出、拍摄。

如何使"夜旅游"成为实实在在的"夜经济"？经过一番思考后，张进军决定，联合皇城相府文旅集团，把"夜游"重新规划，提档升级，主打"民俗"和"民宿"。

围绕这样的定位，景区根据郭峪古城的特点和历史，设计了一些节目，收到良好效果。正常同期7—8月，景区接待游客一两万人次；2022年7—8月，景区接待游客达到十三四万人次，民宿入住率每天都在90%以上。景区生意的火爆，带动了当地村民就业，越来越多的村民守家在地，实现了增收。

郭峪村的夜游带来了浓浓的乡村烟火气，更把美丽乡村变成了实实在在的美丽经济。爱思考的郭峪人又开始了新一轮的"头脑风暴"。"去年，夜游只有我们一家，现在全市有20多家在做。我们的想法很简单，就是人无我有，人有我优。"张进军充满信心地说。

（李亚琴　李勤）

民宿内景

古民居民宿

· **汤帝庙**　俗称大庙，位于西城门内，址高28米，为村之社庙。大庙正殿及戏台的斗拱都保存完好，尚依稀存有彩绘。其斗拱结构规模大，达柱子的三分之一，使得屋檐出挑达1.6米之多，很是壮观。

· **文庙**　按当时等级，只有县城以上才能建文庙，而郭峪村因中举之人辈出，得以有此殊荣。

· **白云观**　汤帝庙、文庙之外，在郭峪村东面苍龙岭脊的峭壁悬崖上，有一座白云观，当地俗称石山庙。旧时有人说："三晋两大奇，北有悬空寺，南有石山庙。"可见其影响之深远。

· **文峰塔**　白云观以西偏北，松岭之巅，有一座9层砖塔。据传闻，塔身呈暗红色时，天就要下雨，若变为灰红色，天就放晴，于是人们又称之为"晴雨塔"。

· **申明亭**　其位于村中通往北门、西门、东门的三条主干道之交叉处，名为亭，实际倒更像是从老狮院院墙上伸出的一个屋檐。

阳城县润城镇上庄村

📍 地理位置：太行一号旅游公路阳城段支线 4 千米处

　　上庄村是曾任明朝太子太保、隆庆年间刑部尚书、万历年间吏部尚书王国光的故居，是一个群山环绕、溪水穿行、风景优美的古村落。村内保留有从明、清至民国等各个历史时期的建筑，现在村中保存基本完好的古宅院有 40 余处，体现了明、清、民国等不同时期的建筑风格。该村有山茱萸、花椒、桑葚、蚕茧、小米等特产，有皇城重阳习俗、乔氏"法花"陶瓷传统手工技艺、阳城犁镜浇铸技艺、阳城桑蚕习俗、阳城道情、阳城生铁冶铸技艺等民俗文化。

上庄村一角

古村"活化"促乡村振兴

　　润城镇上庄村地处沁河古堡古村落群最核心部位，拥有千年历史，文化名人辈出，先后获评中国历史文化名村、中国传统村落、全国文明村、中国美丽休闲乡村和中国优秀古村镇。

　　近年来，上庄村党支部明确"四朝古村、民俗上庄"文旅产业发展定位，充分保护、活化、利用古堡古宅古院等古村落资源，成功创建天官王府国家 AAAA 级旅游景区，实现资源变资产、古村变景区。

天官王府景区

立足"区位优势明显、古建资源丰富、文化内涵深厚、生态环境良好"四大优势，村党支部先后聘请北京交通大学、浙江悦景规划设计有限公司等单位编制了《历史文化名村保护规划》《中国传统村落保护发展规划》《上庄村乡村旅游发展总体规划》《天官王府国家 AAAA 景区提升规划》，确定"四朝古村、民俗上庄"发展定位，将古村落保护和景区建设统筹谋划、有机衔接，以钉钉子精神将规划落地，让规划成真。

村集体组建天官王府景区运营公司，通过筹集资金、收拢产权、修缮村庄、建设景区"四步走"，实现古村活化变景区；通过"四议两公开"，村"两委"集聚整合各方面资金 5000 余万元，全部用于古村活化和景区打造，并引导民间资本通过认养、捐助等方式参与开发，累计投入资金 1.5 亿多元。

为解决开发过程中的产权制约问题，上庄村对全村 5.6 万平方米的古院落进行统一评估作价，用"三三制"厘清古村所有权，为全域发展文旅产业打基础。紧接着，拆除残垣断壁、废弃圈舍、老式旱厕和影响古村落历史风貌的瓷砖房，全面硬化、绿化、亮化村内道路，造林 1200 余亩，推动村庄周边可视山头全部绿化，实施景区入口、堡楼修复、古河街提升改造工程。

同时，开通上庄村至皇城相府的旅游公路，新建游客接待中心、生态停车场，完成 12 处重点院落的修复升级，建成村级博物馆，打造以王国光故居、炉峰院、司徒第、易安山房、钦嘉楼、参政府、元代民居等 8 处历史文化景点，策划"五步一景，十步一文化"的乡村人文景观，成功创建以王国光故居命名的天官王府国家 AAAA 级旅游景区。

依托天官王府景区，上庄村于 2020 年与山西文旅集团签约，实现了古堡文物管理权和经营权分离。村集体在"固定收益 + 经营分红"的基础上，通过出台优惠政策和资金奖补等方式，鼓励村民发展各类农家客栈 43 户，接待床位 360 张，投资打造"仰山居""遵四本"大型明代官宅深度体验式高端民宿，所有民宿客栈由村党支部领办的合作社统一规范管理；发展上庄美食，打造"王府八八大宴席""麦芽枣糕""王府拉面""石磨煎饼"等美食品牌，吸引远近游客；开展民俗表演，白天推出阳城鼓书、中庄秧歌、地方道情、传统婚俗表演等节目，节假日夜间推出《王府印象》大型民俗表演、《王府往事》实景剧表演和《剧本杀》新型文旅业态。

依托王国光祖居钦嘉楼和王氏宗祠旧址开发建设"王国光事迹陈列馆"，作为廉政教育基地对外开放。引进山西青鼎农业开发有限公司在原白巷里煤业废弃场地上投资打造"天官王府欢乐谷"大型亲子游乐园，与天官王府和周边砥洎城、河阳商道古镇等文化景点实现差异发展和优势互补；在天官王府景区建成影视基地，电视连续剧《白鹿原》等20余部影视剧成功取景，为集体增收的同时进一步提升了景区知名度和影响力。（红叶）

王国光祖居

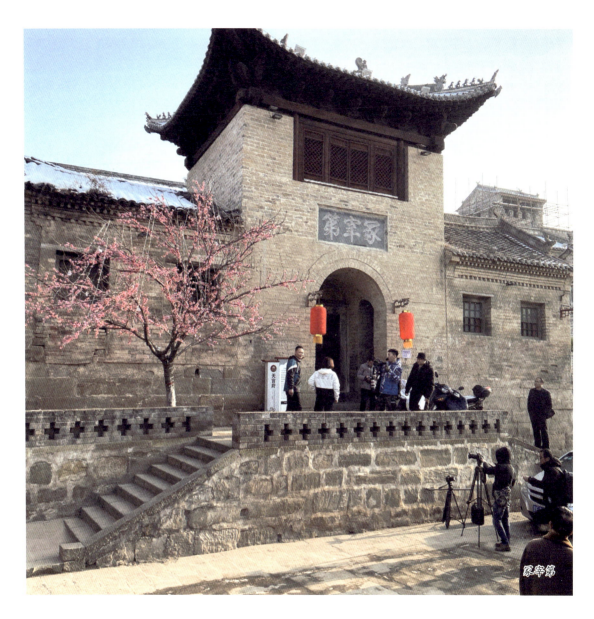

冢宰第

桑叶

　　桑科植物桑树的叶子，卵形或宽卵形，先端尖或渐短尖，基部圆形或心形，锯齿粗钝，幼树之叶常有浅裂、深裂，上面无毛，有光泽，下面绿色，脉上有疏毛，脉腋间有毛，可药可食。

　　汉代的《神农本草经》中记载，桑叶"主除寒热、出汗"。现代科学研究表明：桑叶富含 17 种氨基酸和粗蛋白质、碳水化合物、无机物等成分，具有降压、降脂、延缓衰老、促进体力恢复、降低胆固醇、抑制脂肪积累、抑制血栓形成、抑制肠内有害细菌繁殖、抑制有害氧化物形成等功能，其最突出的功能是预防糖尿病。

桑叶茶

　　以优质新鲜的桑叶为原料，通过一定的技术手段加工而成，采用冲泡（浸泡或煮）方式供人们饮用。

　　《本草纲目》中记载："桑箕星之精神也，蝉食之称文章，人食之老翁为小童。"《本草纲目》中也称桑叶为"神仙草"，并记载"汁煎代茗，能止消渴（现代称为糖尿病）""炙熟煎饮，代茶止渴"。《图经本草》记载："十月桑叶霜后三分，二分已落时，一分在者，名神仙叶，即可采取捣碎服之。"意思是说，十月霜打后的桑叶有三分，两分掉地上，残留在树上的一分即是神仙草，用于煎水代茶喝，可达到延年益寿的作用。

资源分布

　　山西省是蚕桑文化主要发祥地之一，具有栽桑养蚕的传统。据考古发现，夏县西阴村的新石器遗址中，有经人工切剖过的半个蚕茧化石。

　　晋城市桑叶种植面积约 2000 亩，主要分布在阳城县。该县气候温和适中、光照充足、空气新鲜、无污染、无公害，土地较为平整，土壤多为红壤，含铁量较高、抗旱性能好，是桑叶茶的优质原料基地。

加工工艺

　　加工桑叶茶选用的桑叶有普通桑叶和霜桑叶（霜打过的桑叶）。

　　普通桑叶 5 月下旬开始采摘，采桑树中上部无污染、无病虫害的叶片；霜桑叶于霜降过后采摘。

　　桑叶茶多采用绿茶加工工艺，并结合现代烘焙工艺，通过杀青、摊晾、揉捻、提香等程序加工炮制而成。

　　桑叶茶经开水冲泡后，茶香持久，口感香醇爽口，汤色明亮，是保持健康、增强体质的天然保健品。

美丽的蟒河村

阳城县蟒河镇蟒河村

📍 地理位置：太行一号旅游公路阳城段 20 千米处

　　这里地处阳城蟒河猕猴国家级自然保护区中心地带，山围似嶂，翠叠如屏，林深树茂，洞邃泉清，动植物资源丰富，素有"华北小桂林""山西动植物资源宝库"之称。全村以秋树沟、前庄为主的三套四合院组成了约 600 平方米的石头古建筑群，形成山区特有的传统民居建筑特色。该村主要经济收入以山茱萸为主，年产山茱萸鲜果 120 万千克，是我省最大的山茱萸产地，素有"山茱之乡"的美誉。

秋日蟒河

种下产业兴村"摇钱树"

近年来，蟒河村依托地处蟒河景区独特的区位优势，大力发展旅游服务业，不断拓宽村级集体经济增收渠道。通过盘活农村闲置宅基地，引导村民自主兴办农家乐60余家，招商引资建成南山度假庄、明秀苑等一批高端民宿，全面服务景区发展。

2000年以来，村集体先后投资800余万元，架通了高压电路，对全村的自来水工程进行全面改造，硬化了全村公路，基本实现了庄庄通；对全村进行了村庄综合整治，实现了部分村庄街巷道路的绿化、净化；新建了村级活动场所、卫生所、幼儿园等公共设施。

在此基础上，村党支部领办成立农家乐联合社，对农家乐进行统一规范管理、统一对外经营，在助推农民增收的同时，实现村级集体经济稳步增长。2022年，村集体依托"全国四大山茱萸产地之一"的发展优势，成立蟒之源农业开发有限公司，通过"公司＋基地＋农户"的经营模式，围绕景区旅游，着力打造休闲农业、创意农业等新产业、新业态，实现了"美丽乡村＋乡村旅游＋产业发展＋农村特色文化开发＋农村电商"的融合发展。

蟒河村农庄

村集体和景区合作在流转土地内种植了干果经济林 800 亩、中药材 200 亩、木材林 75 亩、景观林 100 亩、小杂粮 200 亩。同年，村集体联同全村 60% 的农户以股份制形式成立了"阳城大圣农产品有限公司"，结合景区建设增加了环卫、经营户、农家旅馆等就业岗位，共解决 200 余人的就业问题。全村共建农家乐 38 户并全部通过星级评定。

　　下一步，蟒河村将持续加大招商引资力度，积极打造蟒河现代化农业品牌，吸引更多的客商来蟒河投资兴业。不断盘活农民闲置宅基地，采用"村集体＋公司＋农户"的模式，上马特色康养民宿建设项目，预计年可增收 10 万元；通过招商引资，合作开发前庄至三龙瀑布的漂流项目，预计年可增收 5 万元；采用"合作社＋公司＋农户"的模式，开发以太行红山茱萸为主的土特产品系列旅游纪念伴手礼产品，预计年可增收 5 万元。

蟒河风景区猕猴聚集

阳城山茱萸

阳城山茱萸是中国农产品地理标志产品，是山西著名特产。阳城为中国秦岭（中国山茱萸分布最广区域、原产地之一）以北山茱萸最大产区，也是北方唯一原产区，阳城山茱萸在日本和东南亚都享有很高的声誉。

营养价值
茱萸肉含有丰富的营养物质和功能成分，明代李时珍的《本草纲目》集历代医家应用山茱萸的经验，把山茱萸列为补血固精、补益肝肾、调气、补虚、明目和强身之药。

产品特点
阳城山茱萸以色泽鲜红、个大肉厚、质干油润、药味纯正而著称。其血色素含量高，药性品质好，马钱苷、血色素含量高，属山茱萸之上品，素有"阳城红""华萸"之美誉。

食用方法
山茱萸可制成药酒、饮料、果酱、罐头等多种保健休闲食品。山茱萸酒的酿造始于宋代，由于它有极高的药用价值和滋补功效，被历代视为珍奇异宝，列为贡品。

阳城县横河镇横河村

地理位置：太行一号旅游公路阳城段

　　这里拥有 95.5% 的森林覆盖率和 28 平方千米的丹霞奇观，尽揽大美太行雄奇险峻。该村自然资源丰富，盛产核桃、山萸、木耳、青翘以及花椒等农副产品，还曾是国家级非遗——阳城犁镜的主要生产地。近年来，横河村依托丰富的农林文旅康养资源，全面发展乡村旅游经济，其中横河动感骑栖小镇是晋城市太行一号旅游公路文旅康养和乡村振兴融合发展示范带的重点工程，致力于打造"北方最美山地骑行线路""产业最全山地骑行小镇""国内首个全智慧化管理骑行线路"。

横河村全景

"骑栖小镇"蝶变绽芳华

　　骑行广场、骑友接待中心、骑士酒吧、骑士奶茶店、房车营地、帐篷营地、骑行泵道、越野赛道、骑栖小筑、自强青少年军事训练营……近年来，横河村依托动感骑栖小镇这张"金名片"，全力打造"吃、住、行、游、购、娱"全链条发展模式，村集体经济发展由此驶入"快车道"，村民们实现了家门口就业。

　　横河镇位于阳城县西南，晋豫两省交界处，这里群山环抱，集高山、峡谷、河道、草地最全山形地貌于一体，森林覆盖率95%以上，平均海拔1300～1400米，为国际公认的铂金海拔线，空气中负氧离子含量高。位于横河村的"动感骑栖小镇"，就是得益于这里得天独厚的自然环境发展起来的。

骑行比赛

2020 年，阳城县围绕我市第一批"百村百院"工程，打造"动感骑栖小镇"特色品牌，推进文旅康养产业在横河落地生根。2021 年 5 月，首届"大美太行·畅骑三晋"山地自行车联赛在横河镇启动，吸引了大批来自全国各地的骑行爱好者在此观光打卡。

　　第一次精彩亮相，越野赛道就赚足了口碑和人气。骑手们把它誉为山地自行车运动的"欢乐谷"，"大美太行·畅骑三晋"山地自行车联赛组委会把它确定为永久发车点。很多第一次踏上横河这块土地的参赛骑手，对这场赛事赞叹不已。

　　为了让"动感骑栖小镇"这个运动康养产业做大做强，横河、受益、水头、劝头、牛心温 5 个村组建产业党建联盟抱团发展，围绕服务文旅品牌建设，通过聘请致富能人、引进社会资本、赛事引流等方式助力骑栖小镇蝶变换新。

　　横河村积极引进本地致富能人，成立注册资本 1000 万元的山西福熙旅游开发有限公司，并作为共同出资方，组建阳城县国曦文旅康养发展有限公司，负责对动感骑栖小镇项目的建设运营。同时，由公司控股方之一的山西盟拓体育有限公司负责景区运营和山地自行车赛事活动的举办、营销，坚持让"专业人"干好"专业事"。

　　横河村依托赛事流量换发展"留量"，相继举办"大美太行·畅骑三晋"山地自行车联赛首站阳城横河站比赛、首届中国骑行小镇发展论坛暨"横河宣言"发布会等赛事活动。

骑栖小镇一角

比赛最直接的就是拉动衣、食、住、行、游、购、娱等消费需求。除举办赛事本身的直接收入外，还增加了日常泵道场地门票和车辆出租、青少年拓展培训收入，带动了当地的旅游发展。横河村一期"动感骑栖小镇"的建设和运营，年累计接待游客20万人次，每年可为集体经济增收10余万元。

通过近两年时间的打造，目前这里已建成3800平方米的骑行广场、2100平方米的骑友接待中心、5800平方米全国最大的泵道基地；功能完善的房车营地、帐篷营地、生态停车场、青少年训练基地等场馆以及五条集生态风貌、人文风采于一体的骑行赛道；打造了太行、骑栖两大系列5座高端民宿，共同构建起一个以"北方最美山地骑行赛道""产业最全山地骑行小镇""国内首个全智慧化管理骑行线路"为目标的文旅康养特色小镇。

到2023年5月20日，这里已举办过六届全国山地自行车越野大赛，太行山深处一个默默无名的小村镇，如今因打造特色"动感骑栖小镇"品牌而惊艳四方。

伴随着动感骑栖小镇的爆火，景区服务管理面临"用人荒"。为此，横河村成立阳城县横美骑栖工程管理有限公司，承接特色小镇的卫生清洁、民宿服务等业务。本村劳动力实现了在家门口就能就业，每年人均增收8000元。另外，为了更好地提升本地生态产品、农副产品价值，由村党支部领办恒升农副产品加工销售合作社，将中药材、核桃等土特产由散户经营变为规模经营，进入景区商超，可带动200余户户均增收1万元。

动感骑栖小镇建设运营以来，横河村逐步形成"吃、住、行、游、购、娱"全链条发展模式，2022年村民人均收入达36000元，村集体收入达54万元。

（崔繁　常国兵）

骑行小镇

阳城犁镜

国家级非物质文化遗产

　　阳城犁镜其源甚古，它的出现可追溯到春秋战国时期。在明清之际，阳城的犁镜铸造已非常兴盛，犁炉达到近百座，年产70万片，除供应国内各地区外，还远销朝鲜、日本、尼泊尔、不丹等国。阳城犁镜也就成了名满天下、老少皆知的名牌产品。

　　之所以能闻名全国，靠的是犁炉铁水直接浇铸进铁范中，由于铁散热性好，犁镜在铁范中急速冷却，表面形成一层硬膜，达到利土不沾泥的功效。阳城犁镜更是凭着利土、耐磨、省力三大特点，享有"翻地虎""金不换"的美誉，闻名全国。阳城犁镜是传统铁范铸造存世的唯一实例，堪称中国式铁范铸造的活化石。

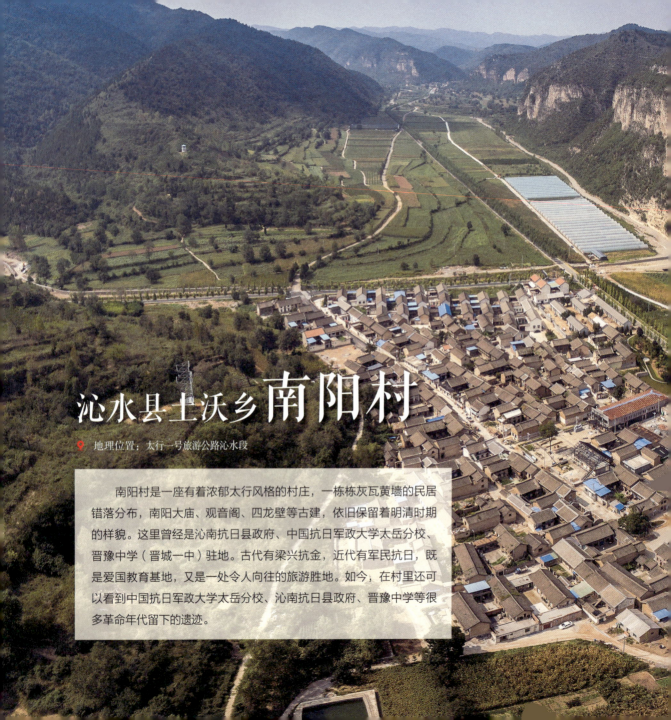

沁水县土沃乡南阳村

📍 地理位置：太行一号旅游公路沁水段

　　南阳村是一座有着浓郁太行风格的村庄，一栋栋灰瓦黄墙的民居错落分布，南阳大庙、观音阁、四龙壁等古建，依旧保留着明清时期的样貌。这里曾经是沁南抗日县政府、中国抗日军政大学太岳分校、晋豫中学（晋城一中）驻地。古代有梁兴抗金，近代有军民抗日，既是爱国教育基地，又是一处令人向往的旅游胜地。如今，在村里还可以看到中国抗日军政大学太岳分校、沁南抗日县政府、晋豫中学等很多革命年代留下的遗迹。

南阳村全景

南阳村一角

"红绿融合"绘就幸福生活底色

冬日午后的南阳村，阳光洒在村里的灰瓦黄墙上，明媚而惬意。墙上"抗大精神永放光芒"的标语告诉人们，这里曾是一片红色沃土。

送走最后一桌客人，67岁的民宿老板王东田把餐厅打扫得干干净净，开始为迎接下一拨客人做准备。王东田是村里3号抗大食堂的老板，他和老伴两个人经营着这家农家乐。"人多的时候一次就要接待100多号人，忙不过来还得找乡亲们帮忙。"王东田说，仅去年一年，老两口的收入就达十几万元。

近年来，借助红色资源禀赋，南阳村通过"外请＋内联＋自建"的模式，对红色旅游资源进行规划，先后完成了抗大太岳分校布展、提升党性爱国主义教育培训基地、修缮烈士陵园等工作，将这里打造成集红色教育、廉政教育、国防教育、党史研究、干部培训、乡村旅游于一体的"红色康养小镇"。

依托深厚的红色文化底蕴，特别是随着太行一号旅游公路的建成，南阳村这座古村更加红火起来。近年来，该村依托太岳分校抗大旧址，大力建设红色旅游工程。先后投资600万元完成抗大太岳分校布展工程，投资600万元完善旅游客栈及旅游配套设施，投资440万元打造22个文化古院落等，实现了基础设施提标、旅游服务提级、业态项目提质。现在，每天到南阳村参观红色遗迹、体验红色文化的游客络绎不绝。2022年，全村仅旅游收入就达60余万元，带动村民餐饮食宿运输服务类收入约40万元。

南阳村不仅有丰富的红色旅游资源，还有优质的绿色资源禀赋。全村森林覆盖率达90%以上，野生动植物资源十分丰富，同时拥有国家级森林公园、中国森林氧吧、生物多样性保护基地、国际暗夜保护地、中国森林康养基地等金字招牌。

依托秀美自然风光资源，该村大力发展绿色生态产业，全面拓宽村集体和农民增收渠道。规划投资1.2亿元，对已有大棚整合、提标、扩量和增效，建设千亩高端水果采摘和千亩有机蔬菜种植基地。项目完全建成后，产值可达8000余万元，带动500余人务工就业，村集体年可分红150余万元，村民可获得土地流转费140余万元。以养蜂和养鸡为重点，建设年产蜂蜜1500斤的蜂蜜园区，引进新品种柴鸡1500只，发展散养柴鸡产业；依托太行洪谷国家森林公园搭建的平台，投资2000万元回购村民宅基地，打造张沟康养、写生、徒步、青少年教育、拓展训练基地；投资100余万元，先后建设安装2期100kW光伏发电。

"通过'红+绿'融合发展，实现了两条腿走路，2022年村集体收入达80余万元，村民人均年增收达3000多元。"王泰踌躇满志地说，下一步，随着一个个产业项目投产达效，南阳这颗"历山明珠"，必将焕发出新的生机。

（陈艳迪　郭艳芳）

依山傍水的南阳村

南阳村设施农业

沁水县土沃乡杏则村

📍 地理位置：太行一号旅游公路沁水段

村落依山而建，村前小河奔流，森林覆盖率高达70%以上。该村自然资源丰富，历史文化源远流长，有全国罕见的千年白皮松、百年雪松、千年古槐；市级文物保护单位顺帝庙、岳飞庙、观音阁。近年来，借着太行一号旅游公路建设的契机，该村以建设徒步文旅小镇为切入点，着力打造"休闲、康养、徒步、观光、民宿"于一体的文旅小镇。

杏则村全景

休闲步道

小山村变身民宿"网红"地

　　初秋时节，漫步于沁水县土沃乡杏则村，但见群山如黛，广袤的田野满目青翠，黝黑的柏油路宽阔整洁，别具特色的现代山居、蜿蜒曲折的步道点缀在绿水青山间，构成了一幅美丽的生态画卷。

　　杏则村背水临河，群山环绕，风光宜人，森林覆盖率高达70%以上。然而，由于资金、道路等要素的制约，小山村美丽风光长期"藏在深闺人未识"，村民一直生活在贫困中。

　　2018年，在全省开展农村农林文旅康产业融合发展试点工作的背景下，土沃乡提出打造"世外桃源　书香土沃"的发展思路，杏则村迎来了发展机遇。

　　为加快乡村振兴步伐，该村首先结合实际，开展了垃圾处理、农村厕所和村容村貌整治"三场革命"，彻底改变了村内环境。同时，依托优质的生态资源和太行一号旅游公路建设的契机，引进山西龙隐山居度假旅游开发有限公司，精心打造"休闲、康养、徒步、观光、民宿"为一体的龙隐山居徒步文旅康养小镇。

　　项目建设中，该村积极探索"四块地"改革，将农户的承包地以经营权入股，每亩折合股金300元，前三年每年每亩保底收益300元，连翘进入盛花期产生经营效益后，实行"保底收益＋分红收益"500+X元；农户可参与种植管护、生产经营，实现双倍收益。

同时，由村集体低价回收上庄废旧宅基地，盘活旧房屋资源，改造开发民宿院落，委托龙隐公司经营，收益按股分红；将80套村民自建新房二层统一打造成客栈，自主经营，满足大型活动和游客居住，实现群众增收。

为盘活林地资源，由龙隐公司建设24千米徒步步道、8千米黄金岭禅修步道、6千米连翘观光步道，在丰富旅游体验的同时，畅通了森林安全防护通道；村集体将260亩集体林地进行了流转，建设龙隐山庄田园综合体项目，用于发展林下畜禽养殖和中药种植，为游客提供互动式的康养休闲。

如今的杏则村，充满现代化气息的星空帐篷营地、行者客栈与古朴厚重的合院、茶院、书院、沁养堂、文创院、尚院、柴院交融在一起，形成了历史与现代的碰撞，成为"微度假、慢生活"的乡村康养旅游首选目的地和人们心目中的"网红"小镇。

随着小镇名气越来越大，前来休闲娱乐的游客络绎不绝，进一步拓宽了村民就业渠道，吸引了许多在外打工的年轻人回乡创业，进一步推动了乡村振兴。　　　　　　　　　　（高云　于春艳）

宁静的杏则村

沃吧

龙隐山居

沁水县龙港镇柿元村

地理位置：太行一号旅游公路沁水段

　　柿元村位于沁水县城以东8千米处，全村拥有耕地面积1115亩，林地面积6904亩，是一个典型的纯农业村。由于该村森林覆盖面积大，植被覆盖率高，全村主要经济收入以养蜂为主。近年来，该村立足自身优势，紧紧围绕发展壮大村级集体经济为目标，谋划"蜜蜂事业"，精心勾勒出产业兴旺、生态宜居、乡风文明、治理有效、生活富裕的新图景，先后被评为"市级精神文明村""蜜蜂特色乡村"。

沁蜜山谷

小蜜蜂 酿出 大产业

　　"小蜜蜂，小蜜蜂，嗡嗡嗡，大家一起来做工……"这里是沁水县龙港镇柿元村的科教生态小游园，作为一处乡村主题休闲广场，每到节假日，会吸引很多家庭来这里"亲子游"。

　　近年来，柿庄村围绕太行一号旅游公路环线乡村振兴示范带、沁河丹河康养示范带和百村百院康养产业发展，推进蜂业与二、三产业融合发展。深入挖掘蜜蜂特色农产品的文化内涵，利用地域优势，发展以蜂业为依托的蜂文化宣传、休闲观光、科普教育、蜜蜂养殖、产品体验等休闲观光蜂业，构建田园综合体、现代农业庄园等，以沁水县省级蜂业现代产业园为代表，打造具有地域特色的休闲观光蜂业园（农庄）。

　　打造产业"龙头"。依托驻地企业山西圣康生物科技有限公司，建设蜜蜂小镇、中国蜜蜂博物馆（山西馆）、蜜蜂产品绿色生产车间等重点项目，承担全县蜜蜂文化传播、科普教育、康养体验等功能，年产值超过 2000 余万元，着力把柿元村"蜜蜂事业"打造成全市乡村振兴的新亮点。

中国蜜蜂博物馆

推动产业升级。投资 185 万元建设的柿元村标准化数字智能蜜蜂良种场是山西省首个数字化智能蜂场，集智能管控、生产监测、数据整合等功能于一体，不仅将减轻蜂农劳动强度，更会提高单箱产蜜量 30% 以上，年度总收入 10 万元，其中村集体收益 3 万元、其他投资主体收入 7 万元。

提高产业附加。流转集体土地 300 余亩用于种植蜜源植物，在发展油料作物深加工的同时，依托蜜蜂小镇和"蜜蜂生态谷"建设，积极引导群众养殖蜜蜂，进一步增加群众收入。

下一步，柿元村将重点开发蜂产品区链、甜蜜休闲两大板块，建设 4 千米纵深的蜜蜂谷、海拔 1300 米的蜜蜂顶，依托蜜蜂周边文化景观设置，全力打造太行一号旅游公路上的特色休闲旅游片区。

柿元村一角

沁水蜂蜜

　　沁水蜂蜜是一种保健食品，源自晋城市沁水县。这里蜜源丰富，拥有广阔的绿色资源，是蜜蜂繁衍生息的理想家园。沁水县有荆条 80 多万亩，黑刺 30 多万亩，刺槐 10 万多亩，还有各类农作物及果树数十万亩，为蜜蜂提供了丰富多样的花蜜和花粉。

　　沁水蜂蜜因其优质的品质在市场上畅销，闻名全国。它具有丰富的营养成分，包括蜂蜜所含的多种维生素、矿物质和氨基酸等。蜂蜜富含葡萄糖和果糖，是一种天然的能量来源，可以为身体提供持久的能量。同时，蜂蜜还具有抗氧化、抗菌和抗炎等保健功效，对于增强免疫力和提升身体健康都有积极作用。

　　沁水蜂蜜口感醇厚，香气扑鼻，适合直接食用或用于烹饪。作为一种优质的保健食品，沁水蜂蜜在国内市场上享有很高声誉。

中国蜜蜂博物馆前广场

蜜蜂

洋槐蜜

沁水县郑庄镇张峰村

📍 地理位置：太行一号旅游公路沁水段

　　张峰村位于郑庄镇西北部，是国家重点项目张峰水库的库区所在地。悠悠沁河绕村而过，近年来，依托这一湾沁河好水，该村积极引进企业入驻，依河建起华北地区最大的冷水鱼养殖基地，占地面积5.6万余平方米，其中冷水鱼养殖区水面面积约2.7万平方米，引水渠水面3000平方米。该基地建有420平方米的孵化车间，内设孵化盆28个，标准化成鱼池43个、鱼种池10个、鱼苗池18个、标准化圆鱼池45个以及4个大型鱼池。

张峰水库

118
119

三文鱼养殖托起致富梦

深秋时节，郑庄镇的张峰村焕发着勃勃生机，在这里，有一家全省唯一的三文鱼养殖场，同时也是华北地区最大的冷水鱼养殖基地，经过多年发展，三文鱼产业逐渐成为当地带领群众增收致富的支柱产业。

张峰村是国家重点项目张峰水库的库区所在地，这里有丰富优质的水资源。养殖场内，工作人员正在按部就班进行着喂鱼、分鱼池、清洁鱼池等工作。

养殖场负责人胡进富告诉笔者，水产养殖是他们多年来一直想发展的产业，经过多方考察，最终确定了养殖三文鱼。据了解，养殖场内的三文鱼是从丹麦引进，属于冷水性高度洄游鱼类，被国际美食界誉为"冰海之皇"，从村里流过的水源非常适合冷水鱼类的生长繁育和规模化养殖。

2016年，山西沁泽农业开发有限公司建起鱼塘，养起了三文鱼。鱼卵从国外回来后，需要3个月的时间进行孵化，要从6克左右长到3.5公斤，才能上市销售，这期间还要根据鱼的大小不停地分鱼池。分鱼池，是养殖场最日常的工作，今天正好有一池鱼需要分池，由于数量不多，工作人员用箱子分批给三文鱼分池。

每条鱼来到这里，都要经过这样繁琐的养殖过程，在这里成长3年之后，才能上市销售，市场价格一斤能卖到50元左右。目前，这个养殖场可以年产三文鱼400吨，年销售收入可以达到2000多万元，三文鱼大多销往山东、上海、北京、南京、沈阳、大连等地，深受客商青睐。在自身发展的同时，通过公司＋基地＋贫困户的模式，带动了周边4个乡镇18个村253户516人走上增收致富道路。　　　　　（张宇）

张峰水库

　　张峰水库位于沁水县北部的郑庄镇张峰村，距沁水县城 40 千米，是黄河流域沁河干流上第一个大型水利枢纽工程。水库控制流域面积近 5000 平方千米，库容约 6.5 亿立方米。

　　张峰水库奇在"高"，山峰成岛屿，平地卷波涛，600 米长的大坝似巨龙横卧于众山之间。张峰水库魅在"水"，27 千米的回水长廊清波荡漾，绿水茫茫，有江南水乡的婉约之美。张峰水库秀在"色"，春天，桃红杏白连翘花开，烂漫如霞；夏天，青松落荫，白云舒卷，沁人心脾；深秋，林木润碧，野菊金黄，如火映水；冬天，山峻水瘦，辽阔高洁，一夜飞雪，让人滋生"雪满山中高士卧，月明林下美人来"的浪漫情致。

张峰水库三文鱼养殖基地

高平市原村乡良户村

📍 地理位置：太行一号旅游公路高平段 20 千米处

　　良户村是清代高平号称"三阁老"之一的田逢吉故里，村内民居古建遗存十分丰富，街道多数是沙石铺砌，两旁古宅院鳞次栉比，门楼显赫，古匾斑驳，保存较好的有上百处。高低错落的阁楼老房，结构精巧的院落布局，美妙绝伦的"三雕"艺术，特别是村内随处可见的窗台石、门槛石，无不雕有动物、花卉图案，可谓一绝。村中还有玉虚观、大王庙、关帝庙、汤王庙等古庙宇建筑多处，被誉为一座活着的太行古村落。

良户村门楼

文旅融合蹚出乡村振兴新路子

古建抒人文，民俗秀人情，美食果人腹，演艺娱人心。近年来，高平市原村乡良户村凭借自身有利条件，充分利用明清古建筑，以传统文化为核心，大力发展旅游业，形成文旅融合发展新格局，为乡村振兴赋能添彩。

合理规划布局，打造振兴亮点。2022年，借助乡村旅游振兴示范创建的东风，良户村紧紧围绕"用活老房子、鼓起钱袋子、靓化新寨子"的创建思路，在"多规合一"实用性村庄规划的基础上，邀请了省级专业规划团队制订乡村旅游振兴示范专项规划。

在乡村旅游振兴示范创建工作中，良户村坚持"大规划、微打造"，坚持集中发力、连片打造，选取村1号民居进行建设提升。1号院地处村西大路边，面朝新建的村西走廊，背靠明清一条街，地理位置优越却破损严重，早已荒废搁置。良户村便决定收回此院落，重新规划，改造利用。收回后的宅基地将依据村庄发展定位，打造承载多元特色体验的综合性民宿业态，使其既满足游客旅居需求，又能为当地居民提供多元化生活空间，推动民宿和旅游产业同步增值。

依托本土资源，发展文旅产业。近年来，良户村凭借自身优势，充分利用明清古建，挖掘传统文化，大力发展特色文旅产业，一定程度上实现了村集体经济收入的增长。特别是2022年"五一"假期以来，驻村旅游公司出资设计，村委及群众通力配合，为游客献上了一场以"书香良户 古艺工坊"为主题的大型沉浸式演出活动，游人纷至沓来，好评如潮。活动期间，文旅公司招聘环卫人员30名，演出人员112名，安保人员20名，共占全村总人数的10%，占60岁以内年龄段人口的16%，增加了老百姓的就业机会。活动期间共设经典小吃摊位12个，雇用村民服务人员35人，创收20余万元；农历四月初八，良户村紧抓炎帝庙会机遇，为大家送上高平传统的"一领二流水席"，顿时又掀起一波旅游高潮；农历七月十一，良户传统古村庙会开幕，在接纳外来商摊的同时，本村村民也纷纷设立庙会摊位，一定程度上实现了创益增收。

风正好借力，振兴正当时。良户村通过不断开发提质，促进旅游景区与乡村振兴融合发展、基层治理与人居环境同步提升，让乡村振兴在良户有依托、有方向、有动力，让人民群众逐渐走上一条平稳而坚实的康庄大道。

（高原）

良户历史文化展示中心

良户古民居

良户"三雕"

木雕装饰

在以木构件为体系的古建筑上，木雕装饰是最主要的一种装饰形式。良户村民居的木雕装饰内容丰富、手法多样，主要集中在门楣、窗户以及房屋檐廊的装饰上。

良户村民居木雕建筑装饰的内容丰富多彩，有官式建筑中常见的狮子、麒麟、蝙蝠等动物形象，也有牡丹、莲花以及各种卷草的植物形象，还有万字、寿字等纹样。这些多样的装饰纹样使建筑显得生动活泼。这些装饰的雕刻手法也是多种多样，有透雕、圆雕、浮雕、线刻等多种形式。

砖雕

砖雕装饰

良户村的砖雕装饰用于门头、影壁以及屋顶部分。脊砖用来防雨水，脊砖雕塑繁简不一，做得复杂的有各种浮雕，做得简单的只做阴刻划线。檐下的墀头部分是砖雕的主要部位，墀头通常分三部分，最上层为翻花，其面倾斜，上承檐口，下接山墙。翻花通常是以花瓣为题材的装饰。翻花下面是长方形的垂直面，常雕人物故事或梅、菊、牡丹等花卉，其雕刻精致细腻，是墀头装饰的精华。下面的墀尾，常雕宝瓶、花果等图案。砖雕还用于照壁上，装点漂亮的照壁给住宅增加了喜气。良户民居照壁的雕刻主题内容丰富，有花鸟鱼虫、山石林木、人物故事、福禄寿喜、吉祥如意等。

木雕

石雕装饰

　　良户村石雕主要有石狮子和石柱础、抱鼓石。此外，该村的石雕还用于窗台石上，这一点是不同于他处的特色所在。石狮子把守大门是传统建筑的形式，狮子形象完整而造型庞大，或蹲或立在独立的石座上，一般人家也要在门前的抱鼓石上刻狮子以求平安吉祥。石柱础的主要作用是防止湿气侵蚀木柱，所以在木柱下面通常要垫一块石头，柱础的断面比柱子要大，因此在力学上，它还有一个重要的作用就是将柱子承受的力传递到地面。良户村中的民居中首层带檐廊的建筑并不多，因此柱础的形式也较单一，通常是上小下大的覆盆形，所谓覆盆形就像一个圆盆扣在地面上，为了加高柱础并增强防潮的作用，在柱础之上又加了一层圆形的鼓，可以将这种柱础称为覆盆加鼓形的形式，并在覆盆形柱础上雕刻有莲瓣形的曲线装饰。

精美石雕组图

高平市寺庄镇釜山村

地理位置：太行一号旅游公路高平段

这里是人文始祖炎帝的主要活动地之一，是中国历史上最早的村落之一；这里文化底蕴深厚，文脉悠长，村内古建筑留存较多，较为出名的有棋盘六院、耳子院、前庭、文庙、南阁、抗战纪念碑等；这里地处大山深处，山上植被丰富，尤以200多种中草药材为最，村南的山坡上有1000多亩黄芩种植基地。近年来，釜山村以现有农业为基础，大力发展生猪养殖业、种植业、林果业，同时合理利用区位和资源优势，逐步发展为一个以农业为基础，旅游服务业为支柱的现代化新型农村。

釜山村全景

深挖乡村内涵　推动产业发展

　　4月的高平，微风和煦，春意正浓。沿太行一号旅游公路向西北出发，一路上五颜六色的花朵、郁郁葱葱的树木，随处可以感受到万物复苏的气息，别有一番意境。不知不觉间，便来到了群山绿树掩映下的釜山村。

　　来到寺庄镇釜山村，一幅"路畅、景怡、村美、业兴"的美丽乡村画卷跃然眼前。道路整洁平坦、环境清新怡人、村容村貌焕然一新、乡村旅游发展势头强劲、智慧农业蓬勃发展……太行一号旅游公路环线乡村振兴示范带的建设为釜山村乡村振兴注入了无限生机和活力。

　　釜山村历史悠久，文化底蕴深厚，是神农炎帝部落和尧舜禹部落的主要活动地之一。村内古建筑较多，有

釜山村现代农业智慧科技园

棋盘六院、耳子院、前庭、文庙、南阁、抗战纪念碑等。145造币厂遗址也是该村一张独特的文化名片。2019年6月，釜山村被住房和城乡建设部评为"中国传统村落"。

市农投集团依托釜山村丰富厚重的文物文化资源，倾力修缮一处处古建筑，新建钱币博物馆，建设釜山记忆馆、釜山书院等，开启了文化兴村的新篇章。

经过修缮的晋商王家棋盘六院系列古建，成了高档民宿。钱币博物馆利用原有废弃学校进行修建，一楼展示釜山村史馆和145造币厂，二楼展示中国传统和当代数字货币。精心改造后的供销社，以20世纪七八十年代风格为导向，沿街立面在海报、老物件的装饰下，营造了"釜山1978"大时代风格商业步行古街。

同时，釜山村立足黄梨、设施农业等产业基础，依托丰富的文旅康养资源优势，以"古村旧时光慢生活驿站"为基调，大力发展以山水观光、餐饮休闲、古村民宿、时代体验、果蔬采摘为主的乡村文旅业态，实现了农业产业和文旅产业融合发展。

古梨树公园以上百年的老梨树为依托，修建赏花小道、观景平台和独具梨园风格的木屋驿站，打造以古梨树种植为主题的生态公园，助推黄梨产业发展。新建的11栋智慧大棚，利用"物联网、云计算、5G"等现代

釜山村中心公园

信息技术，让农业种植数字化、可视化。温室内水肥一体、雾化喷药、卷帘卷膜、灌溉等一键操作，实现了蔬菜种植的智能化管理。

白墙灰瓦的古村落、错落有致的棋盘六院、颇具年代感的步行古街，辐射带动了一批乡村旅游业态的发展。目前寺庄猪蹄、黄芩茶、奶茶店、晋宝绿珍专卖店等纷纷入驻釜山村，在带动群众就业的同时，繁荣了乡村经济。

借太行一号旅游公路环线乡村振兴示范带之势，釜山村致力打造宜居宜业宜游的美丽乡村示范村。如今的釜山，既有传统文化的涵养、淳朴民风的浸润，也有返璞归真的清欢，更有乡村发展的活力。产业兴旺、生态宜居、乡风文明、治理有效、生活富裕的乡村振兴"施工图"已变成"实景图"，"试点村"已变成"样板村"，带动乡村进一步繁荣发展。

（李金莎　邢宇琛　韦砚）

釜山中医馆

黄芩

　　黄芩，别名山茶根、土金茶根，多年生草本，野生于山顶、山坡、林缘、路旁等向阳较干燥的地方，喜温暖，耐严寒，中国北方多数省区都可种植。

　　黄芩作为一种传统的中草药，以根入药，味苦、性寒，有清热燥湿、泻火解毒、止血安胎等功效；以其叶制茶，有解毒止血、清热燥湿、降脂降压等功效。

神农含黄芩

　　相传，神农为了给人治病，经常到深山野岭去采集草药，他不仅要走很多路，还要对采集的草药亲口尝试，体会、鉴别草药的功能。

　　有一天，神农在采药中尝到了一种有毒的草，顿时感到口干舌麻，头晕目眩，他赶紧找了一棵大树背靠着坐下，顺手捡了两片叶子放在嘴里咀嚼，没想到一股清香油然而生，顿时感觉舌底生津，精神振奋，刚才的不适一扫而空。黄芩茶由此而生。

王叔和与高平黄芩茶

　　相传，有一年仲春时节，王叔和到西珏山脚下的村庄给人看病。他进入村民家中讨水喝，听到屋里有人不断地咳嗽并伴有呼哧呼哧的喘气声。王叔和仔细给两个孩子切了脉，观察面色。两人均是脸色蜡黄，眼皮浮肿，呼吸困难。他告知村民去村西的西珏山上采一种名叫黄芩的草药，把它连根带茎叶刨回来，洗净切成小段煎汤喝，每天早午晚各一次，连续喝上三十五天，就能把孩子们的病情控制住。

　　一个多月后，王叔和又特意转道去看望，孩子们的病情大有好转。"虽说病减轻不少，但药还得继续喝。"王叔和说，入伏头一天采上药力最佳，六月初六到西珏山多采些，洗净切段晒干后，在三伏天用笼蒸九次再晒九次制作成"黄芩茶叶"泡喝，既方便，疗效也好，喝上半年多，到明年开春孩子们的病就能痊愈。

　　果不其然，王叔和所说一一应验。消息一传十，十传百。人们都知道这是用神医王叔和的方法制作的茶叶，既是治病防病的良药，又是清热泻火的好茶，便纷纷效仿。每当暑伏第一天，人们三五成群，结伴去西珏山登山采割黄芩草，成为当地人的传统习俗，延续至今。

黄芩茶种类

根 茶

用黄芩根制成的茶具有清热燥湿，泻火解毒等功效。

嫩芽茶

最上面连在一起的四片叶子，泡开后形状像花开一样，第一泡金黄色，第二泡酒红色，口感绵柔。

春叶茶

采自6—8月，泡开后看着像春天小草刚刚发芽时一样，颜色青绿，发生氧化以后会变成红色。

手工茶

通过"九蒸九晒"的古法炮制，制作出助消化的发酵茶。

茶 砖

采用传统工艺九蒸九晒得黄芩茎叶茶，经过发酵后，生成金花。

高平市陈区镇**铁炉村**

📍 地理位置：太行一号旅游公路高平段1千米处

　　铁炉村位于陈区镇东南部，紧邻省道坪曲线，距太行一号旅游公路仅 0.5 千米，交通十分便利。铁炉村建村历史悠久，文化底蕴深厚，因"铁炉贡梨"久负盛名，是国家第五批传统村落，是集现代农业、问道寻胜、文旅休闲、红色教育于一体的美丽乡村。

铁炉村全景

梨花开出产业香

　　从以前荒芜的古石村到如今的美丽乡村，高平市陈区镇铁炉村围绕特色贡梨产业，在补链、延链、强链上持续发力，让铁炉贡梨获得了重生。

　　铁炉村种植黄梨历史悠久，有"铁炉贡梨"这一品牌。但因梨树生长周期长、种植技术得不到改良以及粗放式管理等原因，黄梨的产量和品质下降，曾闻名于世的"铁炉贡梨"变得无人问津。

为了发展集体经济，促进村民增收致富，2012 年 3 月，铁炉村成立了铁炉贡梨种植专业合作社。为了做好精细化和标准化管理，合作社给每棵梨树都建立了档案，并安排技术管理员做好全年养护工作。在社员的精心养护下，每个成熟贡梨的重量保持在 0.6 千克左右。合作社人员从最初的 5 户增加到 200 人，技术人员增加到 30 人，梨园种植面积从 270 亩拓展到 1040 亩，覆盖到全镇。梨园经济成了当地名副其实的富民产业。

　　该合作社始终把深加工产业链作为重中之重，目前 40% 的贡梨装箱销售，60% 的进行深加工。深加工产业链主要生产梨片、梨膏、梨饮品等产品。随着产业链延长，生产过程中产生的梨渣通过发酵氧化粉碎还田。同时，以梨渣为原料做成牲畜饲料，实现了节能环保、循环利用的良性发展。

　　在此基础上，铁炉村围绕贡梨产业，不断创新开发文旅活动，已连续举办了八届梨花节。同时，还开展了梨园戏曲、写真打卡、农产品展示会等旅游活动，吸引了不少游客前来游玩。

　　靠着贡梨种植、深加工和发展旅游产业，村集体经济收入增加了，村民腰包鼓了。同时，还提供就业岗位 100 个，解决了贫困劳动力 5 个、闲散劳动力 100 余个。接下来，铁炉村要建设花海村庄，逐步实现梨园景区化、景区功能化，争取让全村过上更好的日子。 　　　　　　　（崔振海　暴丽鹏）

铁炉村梨园

高平黄梨

高平黄梨农产品

高平黄梨是山西省晋城地区的特产。高平素有"梨乡"之称，这里有大黄梨、削梨、夏梨等十多个品种，其中大黄梨是高平梨家族的佼佼者。高平大黄梨品质最优的"铁炉贡梨"在明清时期为朝廷贡品。

名副其实"大"黄梨

高平黄梨以个大闻名，平均每个梨重 0.5 公斤左右，最大可达 2 公斤。真可谓名副其实的"大"黄梨。

营养丰富　味道甘甜

个头大，水分大，味道浓，香甜适口，是高平大黄梨的特点。除了好吃之外，高平大黄梨还富含多种维生素、矿物质、糖类、有机酸等，其中含糖量可达 9.98%，酸量 0.23%，糖酸比值 38.93，属中上等品质。

高平黄梨皮较厚，果肉略粗糙，丰富的粗纤维也是它的一大特点，所以常吃大黄梨好处多多。

溯源高平黄梨

高平黄梨早在隋朝时就被皇室封为进贡珍品，距今已有 1500 年的栽培历史。明朝医圣李时珍在《本草纲目》中赞誉黄梨为上品，有生津润燥、利肺清新、去痰降火之功效。在当地还流传着这样一句俗语："开春三月毒气大，吃梨胜过开药方。"

高平黄梨

农民喜获丰收

高平市河西镇苏庄村

地理位置：太行一号旅游公路高平段 10 千米处

丹河西畔、牛山脚下的苏庄村，是第五批中国历史文化名村、首批中国传统村落。这里依山傍水，位置优越，是高平市晋商大院高度密集的古村落，民居古建星罗棋布，古街老巷旧貌犹存，其中仅清中前期的院落就有近百处，这些民居从建筑工艺到数量均为高平之最。近年来，苏庄村依托文化优势和区位优势，以"太行人家 喜镇苏庄"为主题，大力发展文旅康养产业，使苏庄成为展示高平形象的"会客厅"。

喜镇苏庄广场

古村蝶变满目新

　　初秋的高平喜镇苏庄，天空湛蓝如洗。行走在狭长的石板路，目之所及，青砖黛瓦，古色古香。树荫斑驳下，微风拂面，楹联红、灯笼红、标牌红……赤霞扑面，随处见喜。

　　苏庄村背靠牛山，毗邻丹河，北接高平市区，南连河西镇区，现有保存完好的明清古院落24座，是首批中国传统古村落、中国历史文化名村。近年来，苏庄村依托丰富的历史文化资源和得天独厚的区位优势，紧紧抓住晋城市"百村百院"康养特色村建设的契机，融入高平高铁新区，深挖明清古建资源，坚持"文旅＋康养"双核驱动，通过整合资源、引入国企，全力打造高平文旅康养"首站"，打响叫亮"太行人家　喜镇苏庄"品牌。

婚礼堂

民俗表演

2023 年春节和元宵节期间，喜镇苏庄累计接待游客 55 万人次，创收 270 余万元，带动当地及周边村民 200 余人就业，文旅康养产业初见成效。

多元业态　乡村振兴蹚新路

初夏 5 月，喜镇苏庄人流如织，八方游客慕名而来。

"在这里看到这么古朴、宏大的婚俗表演，特别震撼。我以后也想在这里举办婚礼。"游客闫慧芳和她的家人，在喜镇苏庄欣赏到了独特的媒婆、花轿、迎亲队伍等婚俗表演。

围绕传统"喜文化"，苏庄村将传统的"八礼四节"等民俗文化植入旅游业态，成功解锁传统与时尚、古典与流行的搭配，实现了古村院落的活化升级和创新融合。目前，苏庄村已开发了 8 处明清古院落及周边古街道，婚俗体验馆、传统银饰博物馆、上党梆子戏曲展厅、特色民宿庄园、西餐文化品鉴等差异化业态发展壮大，不断释放文旅新活力。

同时，苏庄村不断充实丰富景区业态，创作具有鲜明特色的文艺演出，与省演艺集团合作，打造国内首部庭院沉浸式体验剧《小二黑结婚》，融入高平特色非遗文化、本土特色元素，游客可以进行沉浸式体验、互动性参与、多元化游赏。推出系列民俗文化活动，以文塑旅、以旅彰文，推动传统观光游向度假游、康养游、体验游、研学游转变，推进文旅康养产业深度融合发展，真正让古建筑"活起来"，让喜文化"兴起来"，让高平文旅"火起来"。

喜镇苏庄民宿餐厅

村企共建　联农带农促增收

今年 67 岁的贾瑞鱼奶奶在家门口卖雪糕饮料，看着来往的游客，高兴得合不拢嘴："节假日，每天能收入二三百块。平常人少的时候，每天也有小一百，日常花销不用发愁。再说现在都是二维码，支付也很方便，省心省力。"

这只是苏庄村推动文旅融合发展，发挥联农带农作用，加快共同富裕破题的一个缩影。

早在景区建设之初，苏庄村就与高平市国投集团建立起共建共享、联农带农机制，采取"企业＋村集体＋农户"的经营模式，由国投集团出资建设运营、村集体整合资产入股分红、村民务工自营增收，共同带动苏庄村及周边村民增收致富。景区运营两年多，农民人均可支配收入由 8000 元增加到 1.2 万元；村集体 2022 年收入 120 万元，比两年前翻了一番，真正实现了村集体收入和村民收入双提升。

"守着家就把钱赚了，我们也尝到了文旅康养和乡村旅游的甜头。"一到周末，苏庄村餐饮商户李兴龙就忙得脚不沾地，他家小吃摊的川汤供不应求。

与此同时，苏庄村充分发挥紧邻高铁站的区位优势和"喜镇苏庄"的品牌优势，盘活土地资源，引进搅拌站、养殖场、汽修厂、喜镇饭店等，通过资产租赁、土地发包的方式，实现村集体和农民收入双提升。

苏庄村还积极搭建务工平台，成立高平市苏庄古民居旅游开发有限公司，分类建立劳务人才库，组织开展技能培训，向国投集团输送保洁、维修、保安、群众演员、导游等服务人员，吸纳100余名群众就业增收。

通过景区建设，苏庄村人居环境不断优化，基础设施逐步完善，文旅康养蓬勃发展，老百姓享受到实实在在的红利，幸福感和满意度大幅提高。

在二期项目婚礼堂工程的施工现场，工人师傅们热火朝天、干劲十足。"等项目建成后，能够满足大中型婚庆、会议、培训等需求，产业链会更完善，游客也会更多。"河西镇党委书记李晓峰信心百倍。他表示，接下来，苏庄村将继续做优高端婚礼产业和乡村生态休闲康养产业，全力打造游客进得来、吃得好、住得美、留得住的高平文旅康养"首站"，全面推进产业转型、群众致富、乡村振兴。 （祁笛 冯素军）

喜镇苏庄景区一角

喜文化——
让太行小村
——喜上加喜

冬季的高平喜镇苏庄，天空湛蓝如洗。行走在狭长的石板路，"太行人家 喜镇苏庄"映入眼帘，宽阔的门户广场、明清特色的古民居、醒目的大红灯笼、古朴典雅的民宿，都让人感觉到传统和现代的完美融合。不难看出，原本沉寂的古村已重新焕发生机。

古村踏上"喜镇"路

"20世纪八九十年代，我们这儿煤矿产业如日中天。但是2008年煤矿资源整合，我们村集体经济一下就断崖式下滑，村民失去了收入来源。"苏庄村党支部书记张磊介绍，"但就在2020年，我们村凭借丰富的古院落资源，成功入选晋城市'百村百院'康养特色村！村民们聚在一起讨论决定，在村里开发旅游线路。"

苏庄村位于高平市区南部，这里匾额石雕别具一格，古街老巷旧貌犹存，院落大门台基高筑，现有保存完好的古院落 24 座。

"恰巧，村里老人翻阅本地文史资料，发现本地县志中曾记载'北魏太武帝拓跋焘亲临泫氏（高平）县赏连理树'，甚至民间还有'有女就嫁苏庄村'的谚语，广为流传。村里这些古庭院如何打造？冥冥之中也似乎给了我们一个指引。"张磊说。

于是，2021 年初，苏庄村与高平市国投集团合作，围绕"喜"结连理的"喜文化"，以"喜"为主题，开发明清古院落及周边古街道，并冠名"喜镇"，开始踏上由普通古村落到中国传统婚庆体验馆和特色康养文旅庄园的嬗变之路。

古村焕发"喜"生机

2023 年 12 月 15 日，喜镇苏庄依旧人流如织。走进改造后的苏庄，游客感受到的不仅是苏庄古村曾经的繁荣鼎盛，更有文旅康养的沉浸式体验。

婚礼博物馆内，首先映入眼帘的便是泥塑婚礼，栩栩如生的泥塑将高平传统结婚礼制展现得淋漓尽致，妙趣横生。随处可见的大红喜字、大红灯笼，更是给人极大的视觉冲击。

紧贴"喜镇"文化，在苏庄账房院，一座青石铺基的宫殿式院落中，还打造了中国传统婚俗银饰博物馆，汇集了明清时期众多山西传统古银饰饰品，供往来游客参观。

走进永顺堂戏曲博物馆，又是另一种韵味，上党梆子永顺班、戏曲名家的珍贵旧照、凤冠霞帔的戏曲服饰、饱含时代记忆与文化内涵的传统藏品齐聚一堂，游客郭翠凤看得如痴如醉，连连称赞："在苏庄，近距离感受古建文化、传统婚庆文化、上党梆子文化，非常好，真的值得一来。"

游客走累了，还可以在"一尺花园"咖啡馆稍作休憩，品一品咖啡，翻翻书架上的书，拥有欣喜于光阴、安稳于日常的绝佳体验。

"我们致力于将'喜'文化融入古村的每一个角落，把传统的'八礼四节'等民俗文化植入旅游业态，解锁传统与时尚、古典与流行的搭配。"高平市国投文旅产业发展有限公司副经理赵伟表示，"目前，苏庄村已开发了 11 处明清古院落及周边古街道，婚俗体验馆、特色民宿庄园、西餐文化品鉴等多种业态项目，真正让古建筑'活起来'，让喜文化'兴起来'，让高平文旅'火起来'。"

（任慧）

喜 镇 苏 庄

Gaoping · Suzhuang

乡村振兴

图书在版编目（CIP）数据

带您走进太行一号旅游公路系列丛书. 第一辑 / 中共晋城市委党史研究室（晋城市地方志研究室）编. —— 太原：山西人民出版社, 2024. 11. —— ISBN 978-7-203-13656-9

Ⅰ. K928.925.3

中国国家版本馆 CIP 数据核字第 202452384L 号

带您走进太行一号旅游公路系列丛书 第一辑 乡村振兴

编　　者：	中共晋城市委党史研究室（晋城市地方志研究室）
责任编辑：	魏美荣　王鹏程
复　　审：	崔人杰
终　　审：	梁晋华
装帧设计：	沈　楠

出 版 者：	山西出版传媒集团　山西人民出版社
地　　址：	太原市建设南路 21 号
邮　　编：	030012
发行营销：	0351 - 4922220　4955996　4956039　4922127（传真）
天猫官网：	https://sxrmcbs.tmall.com　电话：0351 - 4922159
E - mail：	sxskcb@163.com　发行部
	sxskcb@126.com　总编室
网　　址：	www.sxskcb.com

经 销 者：	山西出版传媒集团　山西人民出版社
承 印 厂：	晋城市太行报业印务有限公司

开　　本：	889mm×1194mm　　1/24
印　　张：	22
字　　数：	770 千字
版　　次：	2024 年 11 月　第 1 版
印　　次：	2024 年 11 月　第 1 次印刷
书　　号：	ISBN 978-7-203-13656-9
定　　价：	298.00 元（全三册）

如有印装质量问题请与本社联系调换